西出阳关
——历代亲历西域诗人剪影

顾世宝 著

2015年·北京

图书在版编目(CIP)数据

西出阳关:历代亲历西域诗人剪影 / 顾世宝著. —
北京:商务印书馆,2015
(丝瓷之路博览)
ISBN 978-7-100-11516-2

Ⅰ. ①西… Ⅱ. ①顾… Ⅲ. ①诗人-生平事迹-中国
-古代 Ⅳ. ①K825.6

中国版本图书馆CIP数据核字(2015)第191096号

所有权利保留。
未经许可,不得以任何方式使用。

西出阳关
—— 历代亲历西域诗人剪影
顾世宝 著

商 务 印 书 馆 出 版
(北京王府井大街36号 邮政编码 100710)
商 务 印 书 馆 发 行
三河市潮河印业有限公司印刷
ISBN 978-7-100-11516-2

2015年10月第1版 开本 880×1230 1/32
2015年10月北京第1次印刷 印张 7

定价:46.00元

主　　办：中国社会科学院历史研究所中外关系史研究室

顾　　问：陈高华

特邀主编：钱　江

主　　编：余太山　李锦绣

主编助理：李艳玲

编者的话

《丝瓷之路博览》是一套普及丛书，试图以引人入胜的方式向广大读者介绍稳定可靠的古代中外关系史知识。

由于涉及形形色色的文化背景，故古代中外关系史可说是一个非常艰深的研究领域，成果不易为一般读者掌握和利用。但这又是一个饶有趣味的领域。从浩瀚的大海直至无垠的沙漠，一代又一代上演着一出又一出的活剧。既有友好交往，又有诡诈博弈，时而风光旖旎，时而腥风血雨。数不清的人、事、物兴衰嬗递，前赴后继，可歌可泣，发人深省。毫无疑问，这些故事可以极大地丰富人们的精神生活。

本丛书是秉承《丝瓷之路》学刊理念而作。学刊将古代中外关系史领域划分为三大块：内陆欧亚史、地中海和中国关系史、环太平洋史。欧亚大陆东端是太平洋，西端是地中海。地中海和中国之间既可以通过海上丝绸之路，也可以通过草原之路往来。出于叙事的方便，本丛书没有分成相应的三个系列，但种种传奇仍以此为主线铺陈故事，追古述今。我们殷切希望广大读者和作者一起努力，让古代中外关系史的知识走进千家万户！

2012 年秋

引 子

感谢主编余太山先生垂青,让笔者有机会就自己一直非常感兴趣的历代亲历西域诗人这一领域写一本小书。

跟随业师杨镰先生攻读中国古典文献学专业博士学位的时候,在熟悉元代诗歌文献的过程中,笔者日益认识到,元代文学除了元曲还有许多精彩之处。元代文学的舞台是如此之大,从东海之滨到天山之西,从五岭以南到戈壁以北,这是一个超过汉唐盛世的区域;元代文学的演员是如此之多,不仅有汉人、南人,还有蒙古人、色目人。在这样一种历史契机之下,不仅因金宋对峙而分头发展的南北文学得以合流,而且在东西方向上,因为丝绸之路的畅通,文学人才和文学思想的交流也呈现出空前活跃的状态。西域的许多民族都有优秀代表在中原文坛大放异彩,其中包括畏兀人、葛逻禄人、钦察人乃至拂林人。而中原文士也有不少跟随蒙古西征大军,将足迹留在茫茫西域。原来,我们中华民族诗国的边疆曾经远达葱岭之外!

在兴趣的驱使下,笔者又开始搜集元代之前和元代之后的诗人西出阳关的相关材料,越来越觉得这是一个巨大的宝藏：周穆王西征虽事不可考，但汉公主出塞史有明文；骆临海遣戍蒲类，岑嘉州再赴轮台；长春真人西行万里为止杀，耶律楚材独处河中守寂寞；陈子鲁五出阳关宣大明国威，纪晓岚百余绝句写塞垣繁华；洪亮吉万里荷戈百日赐环，祁韵士濛池纪行西陲填词；邓廷桢寄情伊江中秋，林则徐题咏天山古雪；左宗棠舆榇出师，谭嗣同壮游边塞；张荫桓救国终遗恨，裴景福罪名莫须有；宋伯鲁老来依人作幕，王树楠公余饮酒赋诗；杨增新登高怀远，邓缵先杀身成仁……

　　笔者在探寻这些迁客骚人精神世界的过程中，看到了前贤辛勤开采的背影。这一领域已经涌现出相当丰硕的研究成果，但是相对于这些西行诗人和西域诗篇在文学史上的地位来说，它们获得的重视程度显然是远远不够的，尤其是在一般读者当中，很多名字可能说起来还非常陌生。在学术的世界里，需要钻木取火者，也需要以薪播火者。顾某谫陋，不堪取火重任，希望能做些播火的工作。

　　承蒙师友郭沂纹、李建、徐幼玲、宫京蕾、戚雨航、郭蕾蕾、杜泽天等提供精美照片，在此一并致以诚挚的谢意！

2015 年 8 月 10 日

顾世宝于鼓楼西大街

目　录

第一章

秦时明月汉时关

　　第一节　八骏日行三万里 / 2

　　第二节　公主琵琶幽怨多 / 6

　　第三节　但愿生入玉门关 / 11

第二章

万里长征人未还

　　第一节　逐臣衔凄渡玉关 / 20

　　第二节　不破楼兰终不还 / 32

　　第三节　铁马冰河入梦来 / 57

第三章

不妨终老在天涯

　　第一节　阴山西下五千里 / 66

　　第二节　未济苍生曷敢归 / 79

　　第三节　遗迹尚存唐制度 / 94

第四章

弓刀闲挂只春耕

    第一节 抛留农具赴戎机 / 102

    第二节 塞垣此地擅繁华 / 123

    第三节 书生眼孔一朝开 / 142

    第四节 万里岩疆事远游 / 154

第五章

中原无此好春风

    第一节 名臣心迹本双清 / 170

    第二节 大将筹边尚未还 / 186

    第三节 去国唯期社稷安 / 201

第一章

秦时明月汉时关

"丝绸之路"是德国地理学家李希霍芬在19世纪70年代提出的一个概念，用来指称古代欧亚大陆北部的商路，它起始于中国古代的政治、经济、文化中心长安，跨越陇山，穿过河西走廊，通过玉门关和阳关，沿着天山脚下的绿洲抵达葱岭（今帕米尔高原），再通过中亚和西亚，最终到达欧洲和非洲。它是古代世界东方和西方之间进行政治、经济、文化交流的主要通道。古往今来，在这条道路上西行的，不仅有贩运丝绸的商贾，还有虔心求法的僧侣；不仅有荷戈征戍的将士，还有羁旅漂泊的诗人。

第一节　八骏日行三万里

丝绸之路所连接的，一头是男耕女织的锦绣中原，另一头则是"风吹草低见牛羊"的茫茫西域。西域狭义上是指玉门关、阳关以西，葱岭以东的广大地区，大致相当于今天我国的新疆维吾尔自治区。广义上则可指凡是通过狭义西域所能到达的地区，主要包括亚洲的中部和西部。古往今来，西域以其独特的魅力，吸引着无数中原人士西行，其中不乏迁客骚人的身影。我们这本小书讲述的，就是我国古代亲历西域的诗人们的故事。

阳关始建于汉武帝元封四年（前107）左右，是丝绸之路南道的必经之处，也是中国古代对外陆路交通的咽喉要地。阳关和玉门关矗立在今甘肃省敦煌市西南，二者构成中原内地通向西域的门户。阳关的名字，也是因为位于玉门关之南而得来。

第一章 秦时明月汉时关

阳关因为独特的地理位置，在中国历史上留下深刻的痕迹，千百年来，多少中原士子从这里验证出关，轮蹄西去。挥别雄关，远离华夏内地，心中难免感慨万千。一曲《阳关三叠》（又名《送元二使安西》）记录的就是迁客骚人的依依不舍之情："渭城朝雨浥轻尘，客舍青青柳色新。劝君更尽一杯酒，西出阳关无故人。"

西出阳关，就意味着和熟悉的中原彻底说一声再见，踏上白草黄沙的陌生征程，开始体验无法预知的人生经历。在阳关古道上艰难前进的行客之中，有一些人颇与众不同，他们的瘦马驮着诗句，诗句里记录了西出阳关的心路历程。千百年后，这些火热的句子仍能让我们激动不已。

当阳关还不是阳关，西域还不叫西域的时候，从中原西去的缥缈影迹之中就点缀着一些朴素的诗句。传说中最早留下西行诗作的是一位赫赫帝王，西周的第五代君主周穆王。周穆王乃周昭王之子，名姬满，公元前976—前922年在位。周穆王身处西周由强转衰的时期，据说他的一生是在东征西

阳关遗址

讨中度过的。

西晋太康二年（281）出土的汲冢竹书中有《穆天子传》五篇，其中记载了周穆王西行九万里，登昆仑之丘会见当地首领西王母的情形。据说，临别时，"天子觞西王母于瑶池之上"，西王母赋诗赠别："白云在天，山陵自出。道里悠远，山川间之。将子无死，尚能复来。"

周穆王酬答："予归东土，和洽诸夏。万民平均，吾顾见汝。比及三年，将复而野。"

这些诗句，采用的是先秦常见的四言形式，语言比较质朴。西王母强调东土和西域之间"道里悠远"，希望周穆王健康长寿，能够再次西来。周穆王则信心满满地表示，结束此次西游回国之后，会好好治理国家。并和西王母约定，三年之后再来西方相见。

周穆王的西行，恐怕我们今天只能以"故事里的事，说是就是不是也是"的态度看待。但是《穆天子传》既然出土于战国墓地，则其中所述情况至少反映了战国时代或者战国以前华夏民族的西域观念。虽然不能排除这些诗句出自闭门造车的中原文士之手的可能，但是我们更愿意将之视为西域诗歌的萌芽，这些质朴诗作具有一种穿越时空的力量。它们承载的故事甚或它们本身，在之后的几千年中都装在了西出阳关的诗人的行囊里,让这些迁客骚人在漫长的丝绸之路上一再惊叹"原来真是这样"或者"原来不是那样"!

据说这位周穆王"不恤国事,不乐臣妾,肆意远游",拥有"日行三万里"的八匹绝世骏马,然而东土、西域两地之间毕竟山川悠远,周穆王三年之后好像并没有实践诺言。但是他的这番表态无疑为此后历朝历代中原和西域的关系定下了基调。古往今来,中原的君主们都是在"和洽诸夏"的基础上"有事西戎",因为经营西域需要锦绣中原天下一统的强盛国力作为支撑。可以这样说,任何朝代,诗人仗剑出关,无论他的诗句如何悲苦哀愁,他背后的中原王朝一般情况下都是励精图治的,时代精神也都是蓬勃进取的。所谓"国家不幸诗人幸"的说法,在阳关古道上似乎遭遇了一个乾坤颠倒的逆反。

周穆王是一位极具传奇色彩的帝王,据说他活到一百多岁,在位五十多年。周穆王一生东征西战,南讨北伐,"东征天下二亿二千五百里,西征亿有九万里,南征亿有七百三里,北征二亿七里",好像地球早已容纳不下他的足迹了。但是无论如何,周穆王的车马不可能经过阳关。因为阳关和玉门关是到汉武帝时期才建立的。

第二节　公主琵琶幽怨多

西汉王朝为了抵御匈奴对西北边疆的侵扰，设立武威、张掖、敦煌、酒泉四郡以及玉门关、阳关两大重要关隘。两个关口，一南一北，恰似两扇大门，担负起大汉帝国西向交通的重任。

汉朝和西域的官方联系，始于张骞的"凿空"之旅。西汉初年，匈奴单于冒顿强盛，他曾于高祖七年（前200）率四十万大军围困刘邦君臣于白登山。此后数十年，这个马背上的民族一直是汉朝的边患，文帝十四年（前166），匈奴的游骑甚至兵临长安。汉武帝即位后，汉朝的国力已经非常强盛，他听说西域的大月氏屡遭匈奴侵凌，意图复仇，便决定联合大月氏，"断匈奴右臂"，于是决定遣使西域。"为人强力，宽大信人"的张骞以郎官身份应募，于武帝建元二年（前139）率百余人从陇西出发前往西域，张骞往返途中均遭匈奴扣押，在十三年后，历经艰险，才得以回国复命。由于大月氏已经在葱岭以西的大夏故地安居乐业，不愿与匈奴为敌，张骞的出使，并没有达到预期目的。但是他了解到的西域诸国的情况丰富了汉人的地理知识，拓宽了汉人的国际视野。而且张骞通西域直接促进了中原和西域的物资交流，中原的丝绸、漆器、玉器等精美的手工艺品传到西域，西域的葡萄、苜蓿、石榴、胡桃、胡麻等土产也传入中原。

张骞回国之后，向汉武帝汇报了西域大国乌孙的情况。乌孙乃是马上行国，"控弦者数万，敢战。故服匈奴，及盛，取其羁属，不肯往朝会焉"。连年侵扰大汉边疆的匈奴始终是汉武帝的一块心病，为了使汉朝在与匈奴的对峙中占据上风，他决定采取和亲策略拉拢乌孙，所以派遣宗室之女刘细君远嫁乌孙国王。

刘细君（前121—前101）本是江都王刘建的女儿。元封六年（前105），就在阳关建立之后不久，汉武帝封细君为公主，远嫁乌孙昆莫（一称昆弥，相当于匈奴的单于）猎骄靡，以与乌孙结盟，共制匈奴。据《汉书·西域传》记载，细君公主出嫁时，汉武帝"赐乘舆服御物，为备官属宦官侍御数百人，赠送其盛"。细君公主到达乌孙后，猎骄靡封她为右夫人，汉朝还每隔一年就派使者前来探视。

但柔弱的细君公主在乌孙的生活并不如意，匈奴听说汉朝嫁女乌孙，也遣女嫁给猎骄靡，且匈奴女为左夫人（当时西域之俗以左为尊）。乌孙乃是游牧民族建立的马上行国，细君的随从工匠为她建造了汉式宫室，乌孙昆莫也只是一年来一两次而已。并且后来猎骄靡年老去世，细君必须改嫁其孙军须靡。乌孙作为草原民族，本有后辈继承长辈小妻的习俗，但这在大汉公主刘细君看来却是非常难以理解的。细君向汉廷请命，得到的答复是"从其国俗"，她只好改嫁军须靡。语言不通，习俗不同，细君郁郁寡欢，没过上几年她就像早谢的花朵一样离开了世界，留下的只有一首著名的小诗："吾家嫁我兮天一方，远托异国兮乌孙王。穹庐为室兮毡为墙，以肉为食兮酪为浆。居常土思兮心内伤，愿为黄鹄兮还故乡。"

刘细君的人生悲剧不仅在于所嫁非人，从更深的层面上讲，她的不幸是中原农耕文明和草原游牧文明之间的巨大反差造成的。生长于帝王之家，习惯亭台轩榭和锦衣玉食的弱质女流，西出阳关之后，不但在衣食住行等各个方面都感到极大的不便，而且在精神层面，这位女诗人也得不到任何共鸣，其结果只能是"公主琵琶幽怨多"！刘细君是正史留名的第一位和亲公主，她的诗作被后人称为《悲愁歌》，采入正史，是目前可考的第一首西出阳关的诗作。

张骞带回来的有关西域的信息中,令汉武帝非常感兴趣的还有大宛国日行千里、流汗如血的"天马"。为了得到大宛天马,汉武帝不惜于太初元年(前104)和太初四年(前101)两次调动数十万军队出征西域,最终以阵亡将士近十万,损失战马三万余匹的代价讨平大宛,"悬大宛王毋寡头,取其善马数十匹,中马以下三千匹"。以如此惨重的代价换来这点胜果,似乎没有什么好吹嘘的,但是这些汗血宝马,应了之前"神马当从西北来"的占卜结果,所以好大喜功的汉武帝自然"龙颜大悦",这位会写诗的皇帝以一首《西极天马》来表明自己的态度:"天马来兮从西极,经万里兮归有德。承灵威兮障外国,涉流沙兮四夷服。"

这就是天朝上国统治者的世界观,既然帝王受命于天,"普天之下,莫非王土","四夷"莫不怀德畏威。因为自己是"有德"之君,所以远在流沙之西的荒蛮之地也要"进献"天马。三年苦战,十万头颅,在他的笔下不见一丝踪影,汉武帝之穷兵黩武,于此诗句之中可见一斑。

整个两汉时代,中原和西域关系的主旋律是战争,和亲只是其中的小小插曲,历史记录下来的和亲公主除了细君公主之外,也就是解忧公主了。其他大多数时候,"秦时明月汉时关"见证的往往是"黄沙百战穿金甲"那样的战斗故事。

西汉宣帝神爵三年（前59），汉朝开始设立西域都护府，西域都护的职责是统领大宛及其以东城郭诸国，并督察乌孙、康居等行国动静，颁行朝廷号令，诸国有乱，可发兵征讨。如此一来，大汉帝国真正成为"西域三十六国"的宗主。元帝初元元年（前48），汉朝又任命或设置戊己校尉，主管西域屯田，对西域的控制更强了。傅介子斩杀楼兰王，以及甘延寿、陈汤远征康居，破匈奴郅支单于，就是大汉帝国威震西域的缩影。这种局面一直延续到王莽时期。东汉建立之初，无力顾及西域。经过数十年的休养生息，至明帝永平十七年（74），汉朝再次委任西域都护、戊己校尉，到和帝永元年间（89—105），汉朝对西域的经营达到鼎盛。到顺帝时期，由于国是日非，国力下降，"朝威稍损，诸国骄放"。东汉末年，中原和西域的关系暂时中断。

第三节　但愿生入玉门关

两汉时期，西出阳关，立功封侯者大有人在。其中特别值得一提的是东汉的班超。

班超（32—102），字仲升，扶风平陵（今陕西咸阳东北）人。班超之父乃史学家班彪，其兄乃《汉书》作者、著名史学家班固，其妹乃著名女学者班昭，班超本人也"涉猎书传"。汉明帝永平五年（62），班固被召为校书郎，班超与其母随之迁居洛阳，大概是因为"洛阳米贵"，家贫的班超只能靠为官府抄写文书养家糊口。班超胸怀大志，有一次抄写累了，他扔下笔叹息道："大丈夫无他志略，犹当效傅介子、张骞立功异域，以取封侯，安能久事笔砚间乎？"旁边的人嘲笑他，他说："小子安知壮士志哉！"后来他遇到一个相面的人，这个人对他说："祭酒，布衣诸生耳，尔当封侯万里之外。"班超问他原因，相面的人说："生燕颔虎颈，飞而食肉，此万里侯相也。"这就是"投笔从戎"和"燕颔封侯"两个典故的由来。值得注意的是，班超提出自身渴望效仿的对象时，先傅介子而后张骞，本来张骞凿空西域，为傅介子的前辈，但张骞能够立功异域，主要是靠坚毅而不是勇猛。傅介子则颇具胆识，敢出奇制胜，他设计刺杀楼兰王，使楼兰向大汉称臣。这种有勇有谋的人物，无疑更能获得班超的认同。

永平十六年（73），班超跟从名将窦固出击匈奴，他独立率领一支小部队攻击伊吾，战于蒲类海（今新疆巴里坤湖），取得胜利，由此得到窦固的赏识。后窦固命班超与从事郭恂出使西域，班超一行到了鄯善，鄯善王广起初对班超等人甚为恭敬，后来却非常怠慢。班超推测，这应是匈奴使者来到鄯善，鄯善王举棋不定所致。班超诈问身边伺候的奴仆，果然如他所料。班超没有通报胆小的文官郭恂，果断召集随从的三十六人，向他们说明危险局面，并以"不入虎穴，焉得虎子"相勉励。班超率领三十六人趁夜间大风，纵火焚烧匈奴使者的营帐，并鼓噪大呼，使匈奴不知汉使究竟有多少人，就这样以少胜多，将匈奴使者一百余人悉数歼灭。鄯善举国震怖，只得服属汉朝。

班超在西域前后三十年，历经千辛万苦。永平十八年（75），汉明帝崩，西域都护陈睦被焉耆攻杀。刚刚即位的章帝因"大旱谷贵",罢西域都护,放弃西域,命班超回国。班超为了实现"万里封侯"的理想,在疏勒、于阗诸国的力劝下留在西域,在章帝朝十三年的时间里,几乎是靠一己之力维持着大汉帝国在西域的存在。和帝即位后,汉朝重新经营西域,并于永元三年(91)拜班超为西域都护,得到支持的班超东征西讨,使得"西域五十余国悉皆纳质内属焉"。班超也因功勋卓著被封为定远侯,食邑千户。永元九年(97),班超派遣属吏甘英出使大秦(罗马帝国),最终甘英到达条支(今叙利亚一带)海岸(地中海东岸)而返,此行扩大了汉朝人的视野。

  班超在西域年久,怀念家乡,于永元十二年(100),上书请求回国,他说:"臣不敢望到酒泉郡,但愿生入玉门关。"其妹班昭也代为陈情。和帝很受感动,将班超召回洛阳。班超离开西域之前,继任西域都护的任尚向他请教经验,班超讲了"水清无大鱼,察政不得下和"的道理,劝任尚不必苛求小节,任尚不以为然,对人说:"我以班君当有奇策,今所言平平耳。"正所谓"不听老人言,吃亏在眼前",几年之后,任尚因为为政苛细,不得人心,造成西域诸国的反叛。

  这就是班超的故事。他率领三十六名壮士西出阳关,维护大汉声威数十年不坠,三十年后又能"生入玉门关",为一生的传奇经历画上了一个圆满的句号。千百年来,他的"投笔从戎",激励了多少寒窗苦读的书生投身军旅;他的"燕颔虎颈""万里封侯",慰藉了多少穷困潦倒的奇士相信未来;他的"不入虎穴,焉得虎子",鼓舞了多少身处劣势的将领出奇制胜;他的"水清无大鱼",成为了多少睿智洒脱的官员的座右铭。

班超虽然并不是一位诗人,但在这本讲述西行诗人的小书中他仍然值得大书特书。他的一生,为后世留下了太多的诗料,可以说,是他为中原诗坛打开了一扇朝西的窗子,历朝历代的迁客骚人只要一踏上阳关古道,无论有没有万里封侯的指望,没有人不会想起班超。

但是就汉代来说,中原人士西出阳关,要么是征伐,要么是屯戍。即使像班超这样出身于文学家庭的人士,西出阳关的时候,也将笔留在了中原。阳关之外的道路很寂寥,这条路上有将军,有戍卒,有商贾,却少见多愁善感的诗人;这条路上有丝绸,有瓷器,有漆器,却少有装满佳句的锦囊;这条路上,有风吼,有马嘶,有驼铃声,却少闻风花雪月的吟哦。

值得一提的是,距今一百多年前,英国探险家斯坦因在玉门关外的汉代烽燧遗址发现了一首写在木简上的小诗。该诗描写的是风雨交加的场景，姑且名之曰《风雨诗》："日不显目兮黑云多，月不可视兮风非沙。从恣蒙水诚江河，州流灌注兮转扬波。"

诗句直白浅显，不知它的主人姓甚名谁，但估计其人文化水平不会太高，身份可能是一名戍卒。所谓"饥者歌其食，劳者歌其事"，在玉门关外茫茫荒原上戍守的士卒，远离中原内地，在白草黄沙的边关，雨水极为罕见，哪怕是乌云四合的场景也是非常难得。

读者试想，在一个乌云遮住月亮的夜晚，辛苦训练了一天的戍卒来到帐外仰望夜空，忽然嗅到了雨的气息。雨——这在锦绣中原十分常见的东西，勾起了征夫无边的乡愁！他肯定是一夜无眠，听着那雨声"从传说落到了现在，从霏霏落到了澎湃，从檐漏落到了江海"！

两汉以后，天下大势，分分合合，却迟迟没有出现大一统的帝国，中原与西域之间的联系也时断时续。曹魏曾在高昌设置西域戊己校尉，也有部分西域国家曾到中原朝贡，但中央政府对经营西域态度非常消极。早在建安十九年（214），曹魏政权的奠基人曹操就对即将赴任的安定太守毋丘兴说："羌、胡欲与中国通，自当遣人来，慎勿遣人往。善人难得，必将教羌、胡妄有所请求，因欲以自利，不从便为失异俗意，

戈壁云起

从之则无益事。"曹操不愧为"奸雄",对汉人出塞防范心理极强。在这种思想主导的西域政策下,普通中原人士想要西出阳关都不容易,更别说诗人了。所以建安文学虽然盛极一时,却局限于洛下、邺中的狭小区域,自然"春风不度玉门关"。

晋武帝司马炎一统中原,也曾在西域设置戊己校尉,此时中原王朝的对手已经不是匈奴,而是正在崛起的鲜卑。鲜卑侵占凉州等西北边境地区,造成河西走廊交通阻隔。西晋旋即失去对西域的控制。

此后晋室迁播江南,中原地区的五胡十六国"乱纷纷你方唱罢我登场",其中前凉张氏、后凉吕氏、北凉沮渠氏等割据政权都曾经营西域,但这些政权旋生旋灭,往往自保不暇,无力发展文化。

北魏崛起之初,西域仍然不通。至雄才大略的太武帝拓跋焘即位,国力日益强盛,北方渐次统一,这时中原王朝在西域的对手是游牧政权柔然。两大势力角逐多年,北魏始终未能彻底击败对方。至6世纪中期,突厥崛起,最终成为漠北草原的新主人,并将西域纳入其势力范围。北魏分裂成东魏、西魏,东魏、西魏旋即又被北齐和北周取代,这两大敌对政权和江南的梁朝以及其后的陈朝,形成了新一轮的"三国演义"。最终北周灭北齐,却被贵戚杨坚取代,建立隋朝。

从魏晋到南北朝，在接近四百年的时间里，中原地区兵戈扰攘，难得长时期和平发展的机会。即使有些时候一些政权曾经经营过西域，也难以形成稳定的存在。在阳关古道上来往奔波的只有征夫和贾客，茫茫西域苦苦等待着诗人的咏歌。

589年，隋灭陈，神州大地再次南北统一，经过隋文帝开皇年间的国力积累，经营西域开始被隋朝提上议程，东西向的文化交流也迎来了新的契机。

第二章

万里长征人未还

隋唐时期，统一的中原王朝大力经营西域，尤其是初唐、盛唐时期，大唐王朝在西域设立安西四镇，为维护西域稳定展开了一系列的军事行动。这一时期的阳关古道上，既有被发配边关的罪臣，也有渴望从军立功的文士，还有漫游边塞的诗人，他们的到来使得西域诗坛一度繁荣起来。不过中唐以后直到两宋，因为中原王朝无力控制西域，西行路上难见诗人，边塞诗也就变成"纸上谈兵"。

第一节　逐臣衔凄渡玉关

杨坚以外戚身份夺取北周政权建立隋朝之后，先是平定忠于北周的将领们的叛乱，接着挥师南下灭掉陈朝，实现了中原大地新一轮的统一。这时候，长城以外辽阔草原的主人乃是突厥。早在隋朝建立以前，突厥就建立起一个包括漠北、西域在内的庞大游牧汗国，并且不断南下，对中原王朝构成严重威胁。好在隋朝建立时，突厥内部发生了分裂。西突厥对于突厥大可汗的离心力越来越强，隋文帝本着"远交近攻，离强合弱"的原则开始了在西域的经营。至仁寿三年（603），西突厥达头可汗自立为大可汗失败后，隋朝册封的东突厥启民可汗占据了漠北王庭。启民可汗一直臣服于隋朝，隋朝北方边境的压力大大减轻，继位的隋炀帝开始专心向西发展，先是击溃横亘在通往西域道路上的吐谷浑，接着征服高昌麴氏王国。大业年间，西域三十余国相继来朝。不过，此后隋炀帝将进攻的矛头指向东方的高句丽，最终因穷兵黩武、滥用民力导致隋朝灭亡。

唐政权能在隋末战乱中脱颖而出，最终剪灭群雄，离不开李世民的雄才大略。这位太宗皇帝不仅能"马上得天下"，而且在即位后励精图治，真正做到了从谏如流，在一帮文臣武将的辅佐下，开创了"贞观之治"的繁荣局面。自贞观十四年（640）平定高昌，大唐帝国开始用兵西域。在高昌建西州，并设立安西都护府。贞观二十一年（647），唐军十余万骑进攻龟兹，一路克处月、处密，下焉耆，破龟兹。嗣后，安西都护府移镇龟兹，并设立龟兹、于阗、焉耆、疏勒四个军镇，即著名的"安西四镇"。唐高宗继承乃父开疆拓土的进取精神，多次征讨西突厥的叛乱，维护大唐对西域的统治，并在葱岭以西设立大量羁縻府州。在他的时代，吐蕃开始兴起，成为与大唐帝国争夺西域控制权的主要竞争对手，安西四镇有所变动，也经历了反复弃置。

唐高宗显庆二年（657），一位在政治上失意的诗人黯然骑马离开玉门关，上路之前，他勒住骏马，深情地回首凝视着身后的锦绣中原。这个人名叫来济。

来济（610—662），出身将门，他是东汉名将来歙的十九世孙。父亲来护儿，乃隋朝名将，南征北战，功勋卓著，深得朝廷宠信，曾受隋炀帝委派，统率大军攻打高丽。隋大业十四年（618），宇文化及发动政变，于江都行宫弑隋炀帝。来护儿不愿跟从叛军，被宇文化及杀害，来济因为年纪太小幸免于难。

来济在家族遭难后，流离艰险，但其人笃志好学，长大后有文辞，善谈论，通晓时务。贞观年间考中进士。在太宗朝历任通事舍人、吏部考功员外郎、太子李治的司议郎兼崇贤馆直学士、中书舍人，曾与令狐德棻等撰成被后世列为"二十四史"之一的《晋书》。

高宗即位后，曾担任太子属官的来济受到重用，于永徽四年（653）拜相，被任命为同中书门下三品。但因与韩瑗、褚遂良等反对立武昭仪（就是后来的武则天）为后，失去了皇帝的欢心。显庆二年（657），初唐的两大奸佞许敬宗、李义府诬告来、韩、褚等人构成朋党，欲图谋反。很明显，许、李背后有武则天的支持。来济被贬为台州（今属浙江）刺史，终身不许回京。后改任庭州（今新疆昌吉）刺史。

来济忠心为国，曾高居相位，却因得罪武则天，贬官边陲，在出玉门关时，他含泪写下了唐代的第一首出关诗作《出玉关》："敛辔遵龙汉，衔凄渡玉关。今日流沙外，垂涕念生还。"

第二章　万里长征人未还

司马迁曾说："信而见疑，忠而被谤，能无怨乎？"来济心中怀着一种难以言表的幽怨情绪。他的出关戍边，和班超的投笔从戎有所不同。班超本是兰台小吏，出关乃是"万里觅封侯"，仗剑出关，豪情万丈；来济曾经位极人臣，却遭人诬陷流放，匹马出关，黯然销魂。虽然当时他刚过五十岁，却已经开始担心自己还能不能"生入玉门关"了。

在高宗初年，庭州乃是大唐帝国能够实际控制的最西端，位于西突厥十姓之地的要冲。也许是大漠风沙砥砺了来济的性格，也许是边关烽火激发了来济的潜质，多愁善感的诗人来济在庭州前线变成了将生死置之度外的将种来济。龙朔二年（662），西突厥部落进犯庭州。来济统兵防御，他对属下将士说："吾尝挂刑网，蒙赦性命，当以身塞责，特报国恩。"故意不穿甲胄，率军出击，最后力战阵亡，实践了以身报国的诺言。

来济死后，唐高宗顾念旧情，赐其灵柩还乡，但是诗人来济毕竟没有"生还"！

作为诗人，来济可能有点"业余"，因为他官至宰相，更多是活动于政治舞台，在诗坛的名声似乎不够响亮。他仅存的诗作也是作于玉门关外，茫茫西域竟然没有唤醒他的诗笔，实在令人遗憾。但是这种遗憾很快就成为历史，来济之后不久，西域就迎来了一位"专业"的诗人，他就是骆宾王。有意思的是，骆宾王有一点和来济相同，他也因为受到武则天的影响而"命途多舛"。

骆宾王（约619—约687），字观光，义乌（今属浙江）人。他是初唐著名诗人，与王勃、杨炯、卢照邻并称"初唐四杰"，又与富嘉谟并称"富骆"。唐中宗复位之后，曾下诏命人搜集骆宾王诗文。后世收集骆宾王作品的诗文集很多，最完备的当属清代陈熙晋的《骆临海集笺注》。

七岁能诗的骆宾王是一位神童。由于父亲死得早，这位神童是在贫困中度过早年岁月的，然而困苦的生活磨砺了他清高的性格。唐高宗永徽年间，他曾任道王李元庆王府属官，有一次道王命属下陈述才能，骆宾王耻于自炫，辞不奉命。后拜奉礼郎，为东台详正学士。因事被谪，从军西域。骆宾王戍边的时间不短，应该作有不少诗篇，可惜流传至今的只有几首。且看《晚度天山有怀京邑》：

忽上天山路，依然想物华。云疑上苑叶，雪似御沟花。行叹戎麾远，坐怜衣带赊。交河浮绝塞，弱水浸流沙。旅似徒漂梗，归期未及瓜。宁知心断绝，夜夜泣胡笳。

第二章 万里长征人未还

诗人在天山脚下努力捕捉和关中帝都相似的风花雪月，聊以安慰去国怀乡的羁旅之情，然而在漫长得令人憔悴的征途上，更多的是"交河浮绝塞，弱水浸流沙"之类的粗犷景象。在悠扬的胡笳声中，才高命蹇的诗人心如死灰，不知道漂泊异域的生活何时才是尽头。

骆宾王在西域一待就是好几年，时常思念京城的亲友，作有《久戍边城有怀京邑》：

扰扰风尘地，遑遑名利途。盈虚一易舛，心迹两难俱。弱龄小山志，宁期大丈夫。九微光贲玉，千仞忽弹珠。棘寺游三礼，蓬山簉八儒。怀铅惭后进，投笔愿前驱。北走非通赵，西之似化胡。锦车朝促候，刁斗夜传呼。战士青丝络，将军黄石符。连星入宝剑，半月上雕弧。拜井开疏勒，鸣桴动密须。戎机习短蕞，袄祲静长榆。季月炎初尽，边亭草早枯。层阴笼古木，穷色变寒芜。海鹤声嘹唳，城乌尾毕逋。葭繁秋色引，桂满夕轮虚。行役风霜久，乡园梦想孤。灞池遥夏国，秦海望阳纡。沙塞三千里，京城十二衢。杨沟连凤阙，槐路拟鸿都。

殿规宸象，金堤法斗枢。云浮西北盖，月照东南隅。宝帐垂连理，银床转辘轳。广筵留上客，丰馔引中厨。漏缓金徒箭，娇繁玉女壶。秋涛飞喻马，秋水泛仙舻。意气风云合，言忘道术趋。共矜名已泰，讵肯沫相濡。有志惭雕朽，无庸类散樗。关山暂超忽，形影叹艰虞。结网空知羡，图荣岂自诬。忘情同塞马，比德类宛驹。陇坂肝肠绝，阳关亭候迂。迷魂惊落雁，离恨断飞凫。春去荣华尽，年来岁月芜。边愁伤郢调，乡思绕吴歈。河气通中国，山途限外区。相思若可寄，冰泮有衔芦。

这首诗将作者走马西来的心路历程刻画得十分详细，先写西行原因，次写西域生活，中间大段文字描写想象中的帝都繁华，最后回到现实，刻画独处异域的寂寞，希望鸿雁可以将自己的思念捎给远方的亲朋好友。在骆宾王的笔下，边城风光和京邑风光交相辉映，但作者明显倾向于后者，从字里行间我们不难看出一位落魄才子引领东望的急切心情。

再如《夕次蒲类津》：

二庭归望断，万里客心愁。山路犹南属，河源自北流。晚风连朔气，新月照边秋。灶火通军壁，烽烟上戍楼。龙庭但苦战，燕颔会封侯。莫作兰山下，空令汉国羞。

蒲类津，即为蒲类海边的津渡。蒲类海，这个日后在西域诗歌中反复出现的名字，就是今天新疆东北端的巴里坤湖。巴里坤湖海拔1500多米，现在的面积约为40平方公里，但在历史上要辽阔得多，据说最大时可达800平方公里。出得阳关，踏入茫茫西域，人们惯见的是白草黄沙，乍见如此大湖，无怪乎要称之为"海"。

诗人骆宾王随军出征，望海兴叹，在晴爽的秋夜挥毫写下了以上诗篇。这首诗较之前一首声调明显壮了许多。虽然开篇仍免不了言愁，但是这种愁已经没有了泪痕。诗人的眼睛已经熟悉了塞外的辽阔意象，诗人的心灵也习惯了戎马倥偬的边关生活，在他的笔下少了一些万里孤客的无奈，多了一份为国建功的渴望。

诗中的"燕颔会封侯"说的就是班超。班超早年贫困时，有相者给他相面说他下巴如燕，脖子像虎，相貌非凡，命中注定扬威异域，万里封侯。班超投笔从戎，果然成就一番伟业，被封为定远侯。他的故事，激励着一代代西出阳关的迁

天山秋色

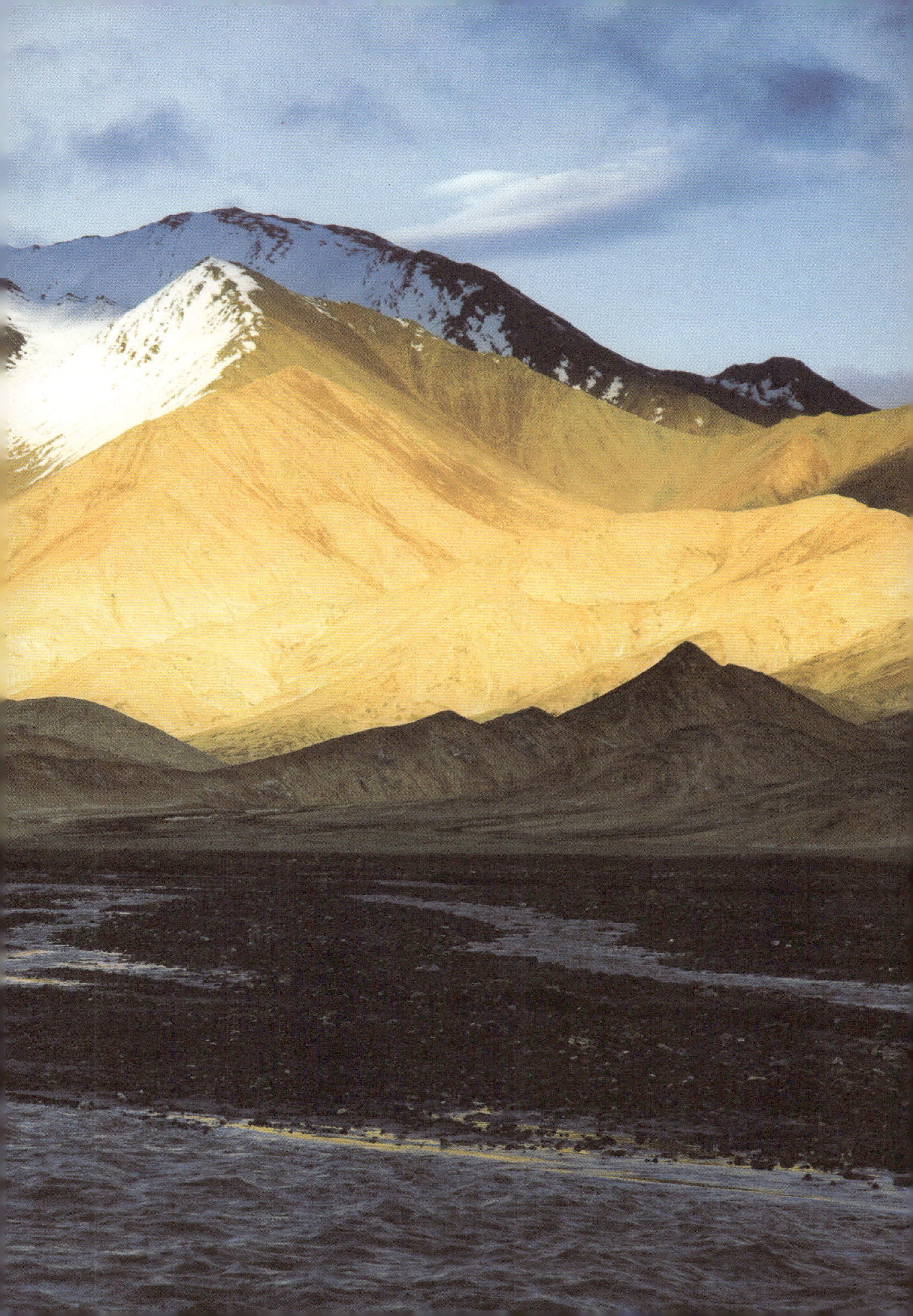

客骚人身处逆境而不意志消沉。

诗人骆宾王,却没有班超的好运气。初唐时代,国家猛将如云,从李靖、侯君集、苏烈(苏定方)到薛仁贵,都在西域立下赫赫战功,哪里需要文弱书生领兵打仗。骆宾王万里从征,能做的事情大概也只有"军中草檄"罢了。

从西域回来之后,骆宾王又曾入蜀,居姚州道大总管李义幕府,平定蛮族叛乱,文檄多出其手。仪凤三年(678),他先后调任武功主簿、长安主簿,又入朝为侍御史,武则天当政,骆宾王多次上书讽刺,因此得罪入狱。骆宾王作《在狱咏蝉》以抒悲愤,有云:"露重飞难进,风多响易沉。无人信高洁,谁为表余心?"次年,遇赦得释。调露二年(680),出任临海县丞,故后世称之为骆临海。后弃官游广陵,并作诗明志:"宝剑思存楚,金椎许报韩。"对大唐王朝的忠诚和对武氏临朝的反感十分明显。

嗣圣元年(684),武则天废唐中宗自立,该年九月,徐敬业(即李敬业)在扬州起兵反对。骆宾王入徐氏幕府,被任为艺文令,掌管文书机要。他写下了可能是中国历史上最著名的一篇檄文——《为徐敬业讨武曌叫檄》(一般称为《讨武氏檄》),文中写道:"伪临朝武氏者……入宫见嫉,蛾眉不肯让人;掩袖工谗,妖媚偏能惑主",这样的文字,据说武则天自己读了也很服气。至于"班声动而北风起,剑气冲而南斗平,喑呜则山岳崩颓,叱咤则风云变色。以此制敌,何敌不摧,以此图功,何功不克……请看今日之域中,竟是谁家之天下!"行文慷慨激昂,气吞山河,极具鼓动力。据说武则天读至"一抔之土未干,六尺之孤何托",矍然为之动容,问:"谁为之?"有人告诉她这是骆宾王写的,武则天感叹道:"宰相安得失此人!"同年十一月,徐敬业兵败被杀,骆宾王从此下落不明。

　　由于官位不高,骆宾王留在史书中的人生履历断断续续,他在西域活动的起讫年份也难以确切考证,他最为后世所称道的诗篇也不是作于西域期间,但是他在西域写下的这些诗作,却是诗坛名士留在阳关之外的最早的清晰足迹。

第二节　不破楼兰终不还

　　唐朝历史乃至整个中国古代历史最让人神往的时代恐怕就是"开元盛世"了。杜甫的《忆昔》写道："忆昔开元全盛日，小邑犹藏万家室。稻米流脂粟米白，公私仓廪俱丰实。九州道路无豺虎，远行不劳吉日出。齐纨鲁缟车班班，男耕女织不相失。宫中圣人奏云门，天下朋友皆胶漆。"经过百年发展，到了唐玄宗开元年间，唐朝国力达到鼎盛。唐玄宗也是一位喜欢开拓疆土的皇帝，在他统治期间，大唐军队翻越葱岭，高仙芝、封常清等名将立功西域。

　　"王杨卢骆当时体，轻薄文章哂未休。"到了盛唐时代，随着格律诗的发展，骆宾王们的诗艺似乎已经过时，难入时人法眼。在群星璀璨的唐代诗人群体中，与骆宾王相比，边塞诗人王昌龄在诗坛的影响无疑更大。在唐代，他就赢得"诗家夫子"的美誉。

王昌龄(690—756),字少伯,太原人。王昌龄早年贫贱,困于农耕,年近不惑,始中进士。王昌龄为人放浪不羁,入仕之前,曾壮游西北边地,并因此留下一系列边塞诗作,为盛唐诗坛增添了别样的风景。《从军行七首》是其中的代表,首首皆堪流传千古:

烽火城西百尺楼,黄昏独坐海风秋。更吹羌笛关山月,无那金闺万里愁。

琵琶起舞换新声,总是关山旧别情。撩乱边愁听不尽,高高秋月照长城。

关城榆叶早疏黄,日暮云沙古战场。表请回军掩尘骨,莫教兵士哭龙荒。

青海长云暗雪山,孤城遥望玉门关。黄沙百战穿金甲,不破楼兰终不还。

大漠风尘日色昏,红旗半卷出辕门。前军夜战洮河北,已报生擒吐谷浑。

胡瓶落膊紫薄汗,碎叶城西秋月团。明敕星驰封宝剑,辞君一夜取楼兰。

玉门山障几千重,山北山南总是烽。人依远戍须看火,马踏深山不见踪。

西出阳关

　　这组《从军行》或低回或昂扬，低回的是征人月夜思乡的心情，昂扬的是将士一往无前的斗志，穿插其间的则是边关军旅生活的时空场景。其中大漠黄沙、雪山孤城这些迥异于锦绣中原的意象，为盛唐诗坛增添了一种宏阔气象。第六首中第二句"碎叶城西秋月团"引起后世关于王昌龄是否实到碎叶的争执，这一争论至今不息。碎叶（今吉尔吉斯斯坦托克马克市附近）与龟兹、于阗、疏勒曾是"安西四镇"，是唐代在西部边境设防最远的一座城市。在唐诗的世界里，碎叶是一座名城。因为这里据说是大诗人李白出生之地。在唐人诗作中，碎叶的名字并不罕见，如戎昱《塞上曲》中有"胡风略地烧连山，碎叶孤城未下关"，刘商《琴曲歌辞·胡笳十八拍》中有"龟兹羯鼓愁中听，碎叶琵琶夜深怨"，然而这两位诗人都是中唐时人，其时西域道绝，他们已经没有亲至碎叶的可能。王昌龄壮游西北的青年时代，正值大唐帝国在西域势力的鼎盛期。唐玄宗"武皇开边意未已"，由长安至碎叶畅通无阻，所以王昌龄有亲身到达碎叶的客观条件。如果王昌龄真的到过碎叶，那他就是唐代西行最远的边塞诗人。

　　王昌龄被清人沈德潜称为"七绝圣手"，他的这组绝句气势雄浑，格调高昂，可与李太白七绝诸作相颉颃。所以恃才傲物的李白才对王昌龄一见倾心，后来王昌龄因故被谪，李白有诗相赠，即著名的《闻王昌龄左迁龙标遥有此寄》："杨花落尽子规啼，闻道龙标过五溪。我寄愁心与明月，随风直到夜郎西。"

王昌龄的边塞诗作还有被明人李攀龙誉为唐人七绝压卷之作的《出塞二首》（其一）："秦时明月汉时关，万里长征人未还。但使龙城飞将在，不教胡马度阴山。"这首诗意境开阔，感情深沉，有纵横千古之势，不愧为千古绝唱。笔者特意将前两句用作本书前两章的标题。

王昌龄因为"不护细行，屡见贬斥"，一生官职低微，且汜水、龙标、江宁，南北奔走不暇，但这样的动荡生活也带给了他和不同地域的诗人结识的机会，除了李白、王维、孟浩然、高适、岑参、王之涣、李颀、常建、綦毋潜、储光羲……许多盛唐诗坛的大腕都是他的朋友，与他有过唱和。

王昌龄一生沉沦下僚，命途多舛，安史之乱爆发，他避乱来到亳州，以才华为亳州刺史闾丘晓所忌，竟然遭到杀害。

从唐太宗到唐玄宗，大唐帝国的四代统治者兴师动众经营西域，先后建立安西都护府和北庭都护府，努力维护着"天可汗"的威权，客观上也为西域地方发展提供了一种相对安宁的政治环境。如同汉朝一样，唐代这种军事上的开拓进取,创造出了无数值得大书特书的历史活剧,为诗人提供了更加丰富的诗料和更为广阔的舞台。到了开元盛世,中华诗坛的边境逾越了莽莽天山(那时的天山有着另外一个名字——阴山)。有一位大诗人先后追随盛唐著名边将高仙芝和封常清,两度西出阳关,将他的脚印留在了天山南北,他就是岑参。

岑参(715—770),原籍南阳(今属河南),迁居江陵(今属湖北)。曾祖岑文本、伯祖岑长倩、伯父岑曦都曾以文学致位宰相。父岑植,仕至晋州刺史。岑参十岁左右,父亲去世,家道中落,他跟从兄长岑况刻苦学习,遍读经史。二十岁时,至长安献书求仕未果,此后奔走京洛、漫游河朔。

天宝三载(744),以榜眼登进士第,授右内率府兵曹参军。天宝八载(749),充安西四镇节度使高仙芝幕府掌书记,初次出塞,试图在军中建功立业而壮志未酬,天宝十载(751)回长安。天宝十三载

岑参像

（754），又充北庭都护、伊西节度使封常清幕府判官，再次出塞，其边塞诗作大多作于此段时期，至德二载（757）东归。经杜甫等推荐，任右补阙，后改起居舍人、虢州长史、太子中允、虞部郎中、库部郎中等。出为嘉州刺史，故世称岑嘉州。殁后三十年，其子收集遗文，请杜确编为《岑嘉州诗集八卷》。其诗文集历代版本甚多。

岑参酷爱旅游。王昌龄在其诗作《留别岑参兄弟》中说："岑家双琼树，腾光难为俦。谁言青门悲，俯期吴山幽。日西石门峤，月吐金陵洲。追随探灵怪，岂不骄王侯。"杜甫在《渼陂行》中也写道："岑参兄弟皆好奇，携我远来游渼陂。"岑参不仅畅游江南、关中这些繁华之地，他那颗好奇的心还向往着大唐帝国的西北疆域。他西出阳关，无非是受时代精神的感染，希望在大唐帝国开疆拓土的过程中建立功勋，万里封侯。岑参西行的心情，记录在他的诗句里。

我们还得从第一次出关说起，在岑参之前，没有大诗人细致地描写过阳关之外的道路，虽然大唐帝国的西征将士早已熟知西行道路的艰辛，却没有多愁善感的诗笔将之记录下来，这样一来，对于初次出关的岑参来说，很多东西都得自己去体会。王维对元二说"西出阳关无故人"，对于岑参来说，不但没有故人，而且没有熟悉的风景。出关之后，第一处险阻就是莫贺延碛。

　　莫贺延碛,又称八百里瀚海,也就是今天的噶顺戈壁,它横亘于玉门关与罗布泊之间,是前往安西的必经之地。唐三藏法师玄奘说这里"长八百里,古曰沙河,上无飞鸟,下无走兽,复无水草",这也就是后来《西游记》中的"八百里流沙河"。其实哪里有河?在这块极端干旱的土地上,涓滴不见,寸草不生。天宝八载(749)的冬天,诗人岑参骑着一匹瘦马穿越这处生命的禁区时,写下了充满忧愁的诗句,如《碛中作》:"走马西来欲到天,辞家见月几回圆。今夜不知何处宿,平沙万里绝人烟。"

　　也许每个西行的文士都怀揣过"万里封侯"的梦想,渴望仗剑出关,建立"斩楼兰"、"破郅支"之类的功业。但这些在纸上看来很简单的文字,真正做起来却是非常艰难的。道路的险阻首先就给了诗人一个下马威。进了莫贺延碛,他就感觉"欲到天"了。而且在这种一点生命迹象也没有的地方,连在哪里住宿也成了问题。其实这个问题只是对于初次出关的岑参是个问题,日后风餐露宿惯了,无论在哪里就都可以住宿了!

　　再如《过碛》:"黄沙碛里客行迷,四望云天直下低。为言地尽天还尽,行到安西更向西。"

铁门关

这首诗的悲苦比前一首有过之而无不及，已是"地尽天还尽"了，不知道岑参在大碛中走了几天，但是他真是走得快要绝望了。玄奘在过莫贺延碛时说自己"顾影唯一"，路上相伴的只有自己的影子。好在岑参出关时正值大唐盛世，丝绸之路上并不寂寞，诗人在路上遇到了进京报命的使者，他委托对方捎信给家人，如《逢入京使》："故园东望路漫漫，双袖龙钟泪不干。马上相逢无纸笔，凭君传语报平安。"诗人的泪是思乡的泪，应该也是为"万里觅封侯"而后悔的泪。

经过千辛万苦，终于渡过大碛，已是一年将尽，岑参挥笔写下《岁暮碛外寄元挥》,寄给在中原挂念自己的朋友:"西风传戍鼓,南望见前军。沙碛人愁月,山城犬吠云。别家逢逼岁,出塞独离群。发到阳关白,书今远报君。"岑参时年仅有36岁,却因为出了阳关,身处异域,感到自己快要白头了,可见环境对诗人情绪的影响。我们用"惊魂甫定"来形容他的心情应不为过。

在茫茫西域,作为掌书记的诗人岑参并不仅仅从事文墨工作,繁冗的军务让他在天山南道来回奔走,即使天气恶劣也不能避免,如《银山碛西馆》:"银山碛口风似箭,铁门关西月如练。双双愁泪沾马毛,飒飒胡沙迸人面。丈夫三十未富贵,安能终日守笔砚。"

这首诗写得非常直白,在银山碛和铁门关这些艰险之地奔走不暇的诗人,心中有着强烈的希望,那就是通过军旅生涯改变命运——吃得苦中苦,成为人上人。

但是诗人毕竟是诗人,诗人是多愁善感的,有的时候面对异域的陌生风景,想起故乡的温柔繁华,总会有一丝悔意涌向心头,如《早发焉耆怀终南别业》:"晓笛别乡泪,秋冰鸣马蹄。一身虏云外,万里胡天西。终日见征战,连年闻鼓鼙。故山在何处,昨日梦清溪。"同样的情绪流露在《日没贺延碛作》中:"沙上见日出,沙上见日没。悔向万里来,功名

第二章 万里长征人未还

是何物。"

两年的时光匆匆流过，岑参并没有在西域获得建功立业的机会。天宝十载（751），他怀带着失望踏上返回长安的道路，行至姑臧（今甘肃武威），巧遇一位西行赴戍的李姓军官，这位军官也是熟悉西域生活的，面对着这位即将奔赴轮台前线过戎马生涯的朋友，岑参的心情是复杂的，他挥笔写下《送李副使赴碛西官军》："六月火山应更热，赤亭道口行人绝。知君惯度祁连城，岂能愁见轮台月。脱鞍暂入酒家垆，送君万里西击胡。功名只向马上取，真是英雄一丈夫。"岑参自己并没有在西域取得功名，但是毕竟西域有着马上取得功名的机会，对着前去争取功名的后来人，他颇有一种沧桑感觉。在西域的时候思念长安，在天山的脚下思念终南山，可是一旦离开那块金戈铁马的热土，心中又难免产生一种莫名的留恋。但事已至此，诗人也只能祝福朋友此去成为"击胡"立功的英雄。

虽然第一次跟从高仙芝出关，三年下来并未在仕途上有什么收获，但岑参还是坚定地踏上第二次出关的道路，又追随封常清西行。

这里有必要简单介绍一下封常清的为人。封常清（？—756），蒲州猗氏（今属山西）人，其外祖父因罪流放安西，封常清自幼跟从外祖父生活，在外祖父指导下"多所历览"。封常清三十多岁仍未成名，想成为安西四镇都知兵马使高仙芝的随从，就投书给他。但高仙芝认为封常清相貌丑陋，不愿接受，封常清便每天等在高仙芝门外，终于使高仙芝收留了他。后封常清跟从高仙芝出征，他预先写好的报捷书完全合乎高仙芝的心意，由此得到赏识，成为高仙芝的得力助手。天宝十二载（753），已经成为安西副大都护、安西四镇节度副大使的封常清，率军平定大勃律国（克什米尔北部印度河流域古国）。天宝十三载（754），封常清入朝陛见，被封为御史大夫，旋即回到西域升任北庭都护、伊西节度使。岑参就在此时入封常清幕府。也许是因为文士出身的封常清的经历，让才子岑参看到了成功的希望，他才不辞劳苦，以四十岁的"高龄"，跟随封常清再次仗剑西行。

在寂寞的赴戍道路上，诗歌成为诗人最好的伴侣，"再作冯妇"，他的离愁别绪似乎没有初次出关那么强烈了，如《发临洮将赴北庭留别》："闻说轮台路，连年见雪飞。春风曾不到，汉使亦应稀。白草通疏勒，青山过武威。勤王敢道远，私向梦中归。"

再如《赴北庭度陇思家》："西向轮台万里余，也知乡信日应疏。陇山鹦鹉能言语，为报家人数寄书。"

这些在征途中写就的诗篇虽则主题仍是思乡，但较之于"双袖龙钟泪不干"却有昂扬与低沉之别，这次西行，白草黄沙已不是那么陌生，流沙大碛也没有那么恐怖，所谓"陇山鹦鹉能言语"已经是带着一丝调笑的轻松口气了。作者是以一种驾轻就熟的心态来看待漫漫长路的，建功立业的渴望在他心头再次燃烧起来了。

《北庭作》则是抵达戍地之后的作品："雁塞通盐泽，龙堆接醋沟。孤城天北畔，绝域海西头。秋雪春仍下，朝风夜不休。可知年四十，犹自未封侯。"此诗将"年光过尽，功名未立"的焦灼心情表露无遗。

好在封常清也是文士出身，对岑参的文学才华不会视而不见，一有机会，岑参也会赋诗献给主帅，既是向其展示才华，也是表明态度，如他在《北庭西郊候封大夫受降回军献上》中写道："何幸一书生，忽蒙国士知。侧身佐戎幕，敛衽事边陲。自逐定远侯，亦着短后衣。近来能走马，不弱并州儿。"

诗中将封常清比作"投笔从戎"的定远侯班超，倒也恰当，不过封常清自小生长西陲，不似班超那般"万里封侯"。诗人还以颇为自许的口吻提到自己骑术的长进，似乎在委婉地表示，自身也是"文武双全"，主帅不应仅以区区文学之士相待。

《登北庭北楼，呈幕中诸公》同样是展示才华，表明心曲：

> 尝读西域传，汉家得轮台。古塞千年空，阴山独崔嵬。二庭近西海，六月秋风来。日暮上北楼，杀气凝不开。大荒无鸟飞，但见白龙堆。旧国眇天末，归心日悠哉。上将新破胡，西郊绝烟埃。边陲寂无事，抚剑空徘徊。幸得趋幕中，托身厕群才。早知安边计，未尽平生怀。

登高赋诗，是古代文士的习惯。在地广人稀的西域，相信边城北庭也不会有太多的建筑物，所谓北楼，当在军城北门，而庭州所处之地为天山北麓，城北即是一片开阔的原野，登上北楼，自能远眺以舒心目。幕府文士，趁此机会，必定竞相赋诗展示才华，岑参当仁不让——"登高作赋，是所望于群公"。他的诗，意境开阔，笔力沉雄，将怀才不遇的情绪有力地烘托出来。

当然，岑参真正的杰作还要数天宝十三载（754）秋天送封常清西征吐蕃占据的播仙镇（今新疆且末）的两首古风，一首是《走马川行奉送封大夫出师西征》：

第二章 万里长征人未还

> 君不见走马川行雪海边，平沙莽莽黄入天。轮台九月风夜吼，一川碎石大如斗，随风满地石乱走。匈奴草黄马正肥，金山西见烟尘飞，汉家大将西出师。将军金甲夜不脱，半夜军行戈相拨，风头如刀面如割。马毛带雪汗气蒸，五花连钱旋作冰，幕中草檄砚水凝。虏骑闻之应胆慑，料知短兵不敢接，车师西门伫献捷。

该诗将行军环境的恶劣，军队纪律的严明，将士士气的旺盛刻画得非常生动。中间的一组鼎足句尤其出彩，"马毛带雪汗气蒸，五花连钱旋作冰，幕中草檄砚水凝"，将天气之冷和行军之急通过一个个细节非常形象地表达出来了。

另外一首是《轮台歌奉送封大夫出师西征》：

> 轮台城头夜吹角，轮台城北旄头落。羽书昨夜过渠黎，单于已在金山西。戍楼西望烟尘黑，汉兵屯在轮台北。上将拥旄西出征，平明吹笛大军行。四边伐鼓雪海涌，三军大呼阴山动。虏塞兵气连云屯，战场白骨缠草根。剑河风急雪片阔，沙口石冻

茫茫戈壁

马蹄脱。亚相勤王甘苦辛,誓将报主静边尘。古来青史谁不见,今见功名胜古人。

此诗和前一首艺术水准不相上下。"四边伐鼓雪海涌,三军大呼阴山动"所描写的在异常开阔环境中战斗的场景,是足不出中原的诗人难以想象的。清代大儒王夫之论诗有云:"身之所历,目之所见,是铁门槛。"也就是说,有没有亲身经历是有着本质区别的。在唐代众多边塞诗人中,岑参之所以不同凡响,与他在西域的军旅生活中所受到的磨炼是分不开的。如"剑河风急雪片阔,沙口石冻马蹄脱",没有亲历西域是写不出这样的句子的。岑参的艺术夸张有着真实的见闻作为基础,运用得恰到好处,使人读来感到神往而不至于觉得虚妄。

如此纪律严明、士气旺盛的部队,"以此众战,谁能御之?以此攻城,何城不克?"胜利也就是势在必得的了。是年冬,封常清大胜班师,岑参赋《献封大夫破播仙凯歌六首》为贺:

> 汉将承恩破西戎,捷书先奏未央宫。天子预开麟阁待,只今谁数贰师功。官军西出过楼兰,营幕傍临月窟寒。蒲海晓霜凝马尾,葱山夜雪扑旌竿。鸣笳叠鼓拥回军,破国平蕃昔未闻。丈夫鹊印摇边月,大将龙旗掣海云。日落辕门鼓角鸣,千群面缚出蕃城。洗兵鱼海云迎阵,秣马龙堆月照营。蕃军遥见汉家营,满谷连山遍哭声。万箭千刀一夜杀,平明流血浸空城。暮雨旌旗湿未干,胡烟白草日光寒。昨夜将军连晓战,蕃军只见马空鞍。

在艺术上堪与上述两首古风相颉颃的是一年之后创作的《白雪歌送武判官归京》:

西出阳关

　　北风卷地白草折，胡天八月即飞雪。忽如一夜春风来，千树万树梨花开。散入珠帘湿罗幕，狐裘不暖锦衾薄。将军角弓不得控，都护铁衣冷犹著。瀚海阑干百丈冰，愁云惨淡万里凝。中军置酒饮归客，胡琴琵琶与羌笛。纷纷暮雪下辕门，风掣红旗冻不翻。轮台东门送君去，去时雪满天山路。山回路转不见君，雪上空留马行处。

　　这首诗的内容其实很简单，写的就是一场秋雪后送友人回长安。但岑参将飞雪写得很美，将送人写得很巧。"忽如一夜春风来，千树万树梨花开"，这样的句子明白如话，也美丽如画；"纷纷暮雪下辕门，风掣红旗冻不翻"，这样的句子信手拈来，却耐人寻味；"山回路转不见君，雪上空留马行处"，这样的句子既实写其事，又蕴涵真情。在群星璀璨的盛唐诗坛，既有李白、杜甫两位中华诗歌史上空前绝后的大神，又有王维、孟浩然、王昌龄、高适等"文章巨公"，岑参并不是最闪亮的一颗。但是他"好奇"的双脚带他西出阳关之后，在茫茫西域他就是最耀眼的诗歌之星。而且，如果我们说岑参是历朝历代亲历西域的诗人当中成就最高的，相信不会有任何异议。

但是"文章憎命达",岑参的文学才华并没有让封常清真的以"国士"待之。也许是因为封常清自己乃文士出身,对文学之士的需求反而没有高仙芝那么强烈;也许是因为岑参并不具备封常清那种处理繁冗军务的实际才干,岑参在封氏幕府只有赋诗之举,却无用武之地。其实那个时代,怀揣功名梦想投身幕府的读书人并不罕见,如《北庭贻宗学士道别》:

万事不可料,叹君在军中。读书破万卷,何事来从戎。曾逐李轻车,西征出太蒙。荷戈月窟外,擐甲昆仑东。两度皆破胡,朝廷轻战功。十年只一命,万里如飘蓬。容鬓老胡尘,衣裘脆边风。忽来轮台下,相见披心胸。饮酒对春草,弹棋闻夜钟。今日还龟兹,臂上悬角弓。平沙向旅馆,匹马随飞鸿。孤城倚大碛,海气迎边空。四月犹自寒,天山雪濛濛。君有贤主将,何谓泣途穷。时来整六翮,一举凌苍穹。

这位宗学士也是"读书破万卷"的饱学之士,而且在边庭效力多年,却还是沉沦下僚,过着"如飘蓬"的生活,以至于"泣途穷"。虽然岑参极力安慰宗学士还有飞黄腾达的机会,其实就怕连诗人自己也不相信对方还能"一举凌苍穹"。恐怕"何事来从戎"才是岑参真实的想法,这句话不仅是说给朋友宗学士听的,应该也是岑参夜深人静的时候会说给自己听的。

再如他在《与独孤渐道别长句,兼呈严八侍御》中写道:"轮台客舍春草满,颍阳归客肠堪断。穷荒绝漠鸟不飞,万碛千山梦犹懒。怜君白面一书生,读书千卷未成名。五侯贵门脚不到,数亩山田身自耕。"这位名叫独孤渐的文人的命运与宗学士非常相似,在西域打拼一番,结果也是"读书千卷未成名",心灰意懒地回家种田去了。

与这些文人相比,即使岑参书读得更多一些,诗写得更好一些,也派不上什么用场。天宝十四载(755)冬天,安史之乱爆发,封常清恰好回朝,受命防守洛阳,结果出师不利,退守潼关。因遭到担任监军的宦官边令诚的谗言,封常清与高仙芝同日被处死。年老昏庸的唐玄宗自毁长城,并一再拒绝哥舒翰、李泌、郭子仪等的正确军事主张,造成叛贼日益猖獗,到了天宝十五载(756)正月,安禄山堂而皇之地称帝于洛阳。同年六月,潼关失陷,唐玄宗逃往蜀中,长安也落入贼手。七月,太子李亨在灵武(今属宁夏)自行称帝,改年号为至德。大唐帝国的当务之急变成了平定叛乱和"恢复神京",在西域的开疆拓土已经无关紧要了,大批戍守安西、北庭的部队被调回关内参与平叛。岑参辛辛苦苦从关中到北庭,本想在前线立功,谁知关中变成了前线,北庭反倒成了"后方"。国事糜烂,个人也难有出头之日,岑参心情之苦闷可想而知。这年秋天他作有《首秋轮台》:"异域阴山外,孤城雪海边。秋来唯有雁,夏尽不闻蝉。雨拂毡墙湿,风摇毳幕膻。轮台万里地,无事历三年。"

如果一个人处于事业的上升期,即使每天事务繁忙,心情也会是充实而愉快的。而想要有所作为却又无事可做,那种心情则是空虚而痛苦的。在万里之外虚度三年时光对于岑参来说格外失落,毕竟他已经有过一次出关经历,两次都空手而归,实在使人不堪!

这年冬天,岑参无法在西域等下去了,他踏上了回京的路,在酒泉郡城醉酒的诗人挥毫写下《酒泉太守席上醉后作》:"琵琶长笛曲相和,羌儿胡雏齐唱歌。浑炙犁牛烹野驼,交河美酒金叵罗。三更醉后军中寝,无奈秦山归梦何。"

胡乐伴奏、胡儿助兴、大块吃肉、大碗喝酒,大唐帝国的西部边疆似乎仍是一副"开元盛世"的繁华气派,然而诗人岑参却是"人醉心不醉","秦山归梦"时刻萦绕他的心头。西出阳关的时候,他挥别的是一个鲜花着锦的八百里秦川,可现在等待着他的到底是怎样一种景象呢?诗人的沉醉,只是"近乡情更怯"式的借酒消愁。

岑参是历代亲历西域的诗人中诗名最著的一位,他先后两次西出阳关,分别在高仙芝和封常清两位名将的幕府中,留下了大量边塞诗佳作,他的边塞诗成为西域诗史上的一座丰碑。可以说,岑参之后历朝历代的诗人们西出阳关的时候,心头都会浮现出岑参的诗句,而且他们在西域写下的很多诗作,其中都不难发现岑参的影响,甚至有一些诗作直接就是对岑诗的和作或者仿作。

这里还想说几句题外的话。岑参与高适是好友,二人皆为边塞诗名家,世以"高岑"并称。岑参远涉西域,参高仙芝、封常清戎幕;高适早年漫游蓟北,写过"万里不惜死,一朝得成功。图画麒麟阁,入朝明光宫。大笑向文士,一经何足穷"的句子,后也曾参哥舒翰戎幕。然而在安史之乱中,岑参和高适的命运开始分化。岑参的官位一直苦不甚高。年近六十的高适却扶摇直上,一路做到剑南、西川节度使,刑部侍郎、左散骑常侍,封渤海县侯,实现了封侯的梦想。《旧唐书·高适传》说:"有唐以来,诗人之达者,唯适而已。"

高适之所以取得成功，靠的是成熟的政治智慧，而不是"敏捷诗千首"的文学才华。而且他仕途显达之后，便极少作诗。岑参的性格则偏向理想主义，相比之下是一位更"专业"的诗人，他到老都在写诗，颇有些"生命不息，作诗不止"的意味，只不过因为仕途蹭蹬，他的诗后来也越写越消沉了。

盛唐有所谓边塞诗派，除了最著名的高适、岑参、王昌龄之外，还有一大群诗人经常以边塞军旅生活作为诗歌题材。如年辈早于岑参的李颀，就是一位值得称道的边塞诗人。

李颀（约690—约751），唐东川人。少年时曾在颍阳（今河南许昌）苦读十年。开元二十三年（735）登进士第，做过新乡县尉的小官，久不升迁，晚年隐居。李颀交游广阔，与王维、高适、王昌龄等相往还。诗以写边塞题材为主，风格豪放，慷慨悲凉，七言歌行尤具特色。

他的《古从军行》写道：

> 白日登山望烽火，黄昏饮马傍交河。行人刁斗风沙暗，公主琵琶幽怨多。
> 野云万里无城郭，雨雪纷纷连大漠。胡雁哀鸣

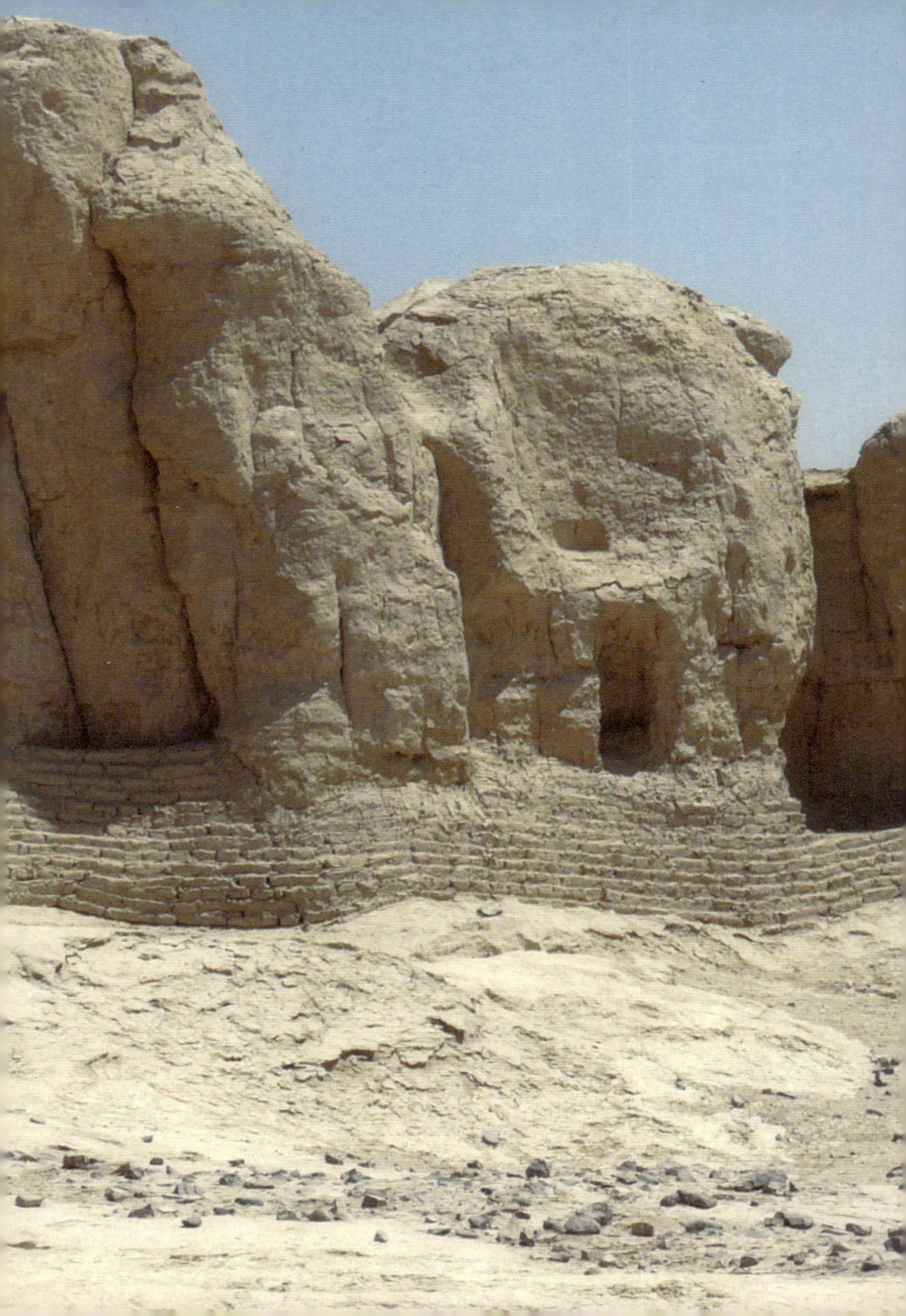

交河故城遗址

夜夜飞，胡儿眼泪双双落。

闻道玉门犹被遮，应将性命逐轻车。年年战骨埋荒外，空见蒲桃入汉家。

诗中的交河，在今新疆吐鲁番之西，自古为西域军事要地，西汉时戊己校尉即驻节此地。唐太宗初置安西都护府时也在此地。

李颀并未到过西域，只是将想象中的西域意象拼接在一起，并加以剪裁，织成了这样一幅新奇的西域图景。看来诗人的艺术构思真是"思接千载，视通万里"的。这样的诗作是有所寄托的，表达的是对"武皇开边意未已"的讽刺，其在对西域风情的认识价值上当然是远远不能替代岑参历经艰险换来的那些雄篇。

第三节　铁马冰河入梦来

安史之乱是唐代历史的转折点，司马光在《资治通鉴》中说"由是祸乱继起，兵革不息，民坠涂炭，无所控诉，凡二百年"。西域边兵大量调回内地平叛，使得边防空虚。唐代宗为了早日结束战乱，任命安史降将为节度使，又造成藩镇割据，中央政府所能控制的区域大为缩小，国力严重下降，无法维持在西域的经营。唐德宗贞元六年（790），唐军在西域的最后一个据点西州（今新疆吐鲁番）也被吐蕃攻破，唐朝在西域整整一个半世纪的存在宣告结束。

西域不通了，但此后很多年，唐代还有不少诗人追忆先辈的荣光，吟咏难忘的历史。边塞诗似乎成为一种"专业"，中唐乃至晚唐诗人中，写作边塞诗者仍不乏其人。比如中唐的李益和陈羽等。

李益（746—829），字君虞，姑臧（今甘肃武威）人，后迁郑州（今属河南）。大历四年（769）进士，初任郑县尉，久不得升迁，建中四年（783）登书判拔萃科。因仕途失意，弃官在燕赵一带漫游。贞元十三年（797）任幽州节度使刘济从事。尝与济诗，有怨望语。贞元十六年（800）南游扬州等地，写了一些描绘江南风光的佳作。元和后入朝，历任秘书少监、集贤殿学士、左散骑常侍等职。恃才傲物，为众不容，谏官举其幽州诗句，降居散秩。宪宗时复用为秘书监，迁太子宾客、集贤学士，判院事，转右散骑常侍。大和元年（827）以礼部尚书致仕。

这位李益，就是唐代著名传奇小说《霍小玉传》中的那位负心男主角。小说里说他"丽词嘉句，时谓无双"，确非虚誉。李益所作边塞诗佳者甚多，兹录《塞下曲》以见一斑："伏波惟愿裹尸还，定远何须生入关。莫遣只轮归海窟，仍留一箭定天山。"

诗的第一句用的是东汉伏波将军马援"马革裹尸"的典故，第二句是班超"生入玉门关"典故，后两句则是初唐名将薛仁贵"三箭定天山"的典故。全诗充满了视死如归的英雄气概，洋溢着慷慨激昂的报国热情。

陈羽（生卒年不详），贞元八年（792）以榜眼登进士第，与韩愈、王涯共为龙虎榜，曾任东宫卫佐。约唐宪宗元和初年左右在世,与诗僧灵一交游,多有唱和。陈羽的名作是《从军行》:"海畔风吹冻泥裂,枯桐叶落枝梢折。横笛闻声不见人,红旗直上天山雪。"

此诗写的是唐军将士在天山脚下顶风冒雪行军的场面,通过"泥裂"、"枝折"表现气候之恶劣,以"闻声不见人"表现山势之曲折,末尾更以白雪衬映红旗,勾勒出一幅动静结合的壮美风景。

不能不说的是,求取功名的征人仗剑出关,"万里觅封侯",被他留在关那头的妻子就得承受相思之苦。李白《春思》有云:"当君怀归日,是妾断肠时。"王昌龄《闺怨》有云:"忽见陌头杨柳色,悔教夫婿觅封侯。"高适《燕歌行》有云:"少妇城南欲断肠,征人蓟北空回首。"历史记载的都是那些"封狼居胥"、"勒燕然"的壮举,又有谁会记得独守空闺的思妇的担忧?唐代有这样一首小诗实在应该引起重视。诗的作者叫陈玉兰,生平不详,只知道她是吴人王驾的妻子。诗也没有题目,一般称为《寄夫》:"夫戍边关妾在吴,西风吹妾妾忧夫。一行书信千行泪,寒到君边衣到无。"

我国古代诗人有模拟思妇口吻写诗的习惯,很多由男性写出的闺怨诗格律严谨、辞采华茂,但这样一首近似白话的小诗,反而更加感人。就因为它出自女性之手,所以才显得情真意切，感人肺腑。且不论这位王驾所戍之地是否在西域，这种绵延万里的思念应该是每一位西出阳关的征人都有可能魂牵梦萦的，它也应该装在西行诗人的行囊之中。

中唐时期，中原王朝的势力退出西域的政治舞台，回鹘一度成为左右西域政局的势力。840年，地处漠北的回鹘王庭被黠戛斯袭破，回鹘可汗被杀。回鹘部众分为数支西迁，其中两支在西域分别建立了喀喇汗王朝和高昌回鹘王朝，此后喀喇汗王朝又分裂为东西两个汗国。1124年，有一位身负家仇国恨的契丹王孙率领二百铁骑，脱离了行将灭亡的辽代末代皇帝天祚帝，从夹山（今内蒙古呼和浩特西北）出发，穿越大漠，来到辽朝北疆重镇——西北路招讨司驻地可敦城。数年后，这个人成为西域的新主人，他就是西辽的创建者耶律大石。

耶律大石（1087—1143），字重德，辽太祖耶律阿保机八世孙，"通辽、汉字，善骑射"，1115年进士第一，授翰林应奉，后升任翰林承旨。契丹语称翰林为林牙，故人称大石林牙。大石林牙走上政治舞台的时候，大辽帝国面对正在崛起的金国，颓势已经无法扭转，大石林牙千方百计挽救辽朝，却得不到天祚帝的信任。他愤而出走。第一站就是可敦城，在那里他召集七州十八部的部众，对他们说：

> 我祖宗艰难创业,历世九主,历年二百,金以臣属,逼我国家,残我黎庶,屠翦我州邑,使我天祚皇帝蒙尘于外,日夜痛心疾首。我今仗义而西,欲借力诸番,翦我仇敌,复我疆宇。惟尔众亦有轸我国家,忧我社稷,思共救君父,济生民于难者乎?

从这篇简短有力的演说词,不难看出大石林牙的水平。在众人的拥戴下,他在漠北扎下了根,并以之为基础,向西域发展,最终将高昌回鹘王国、东喀喇汗王国、西喀喇汗王国、花剌子模国以及康里部等纳入版图,建立起一个疆域辽阔的西辽帝国。

耶律大石文武双全,是一位名副其实的翰林天子,可惜由于史料的缺乏,我们今天已经无法见到他的任何诗作,甚至连他是否曾用汉文作诗都不敢下断语。但辽代立国两百年,其统治阶层的汉化程度越来越深,辽圣宗"十岁能诗",一生作诗五百余首,辽道宗著有诗集《清宁集》,诗风清丽。大石林牙既是状元郎,又曾任职翰林,诗词文赋是其分内之事。他率领二百铁骑生死逃亡,聚集数万精兵征服西域,这其中该有多少可歌可泣的故事,能够激发他的诗兴,勾起他的诗

西行之路

思。但是非常遗憾，西辽不到百年即亡于乃蛮王子屈出律，屈出律旋即又被成吉思汗的大将哲别攻灭。西辽文献传世绝少，大石林牙的文学才能已经成为一个难以破解的历史之谜。

却说唐朝在黄巢起义浪潮的冲击下，耗尽最后的实力，最终被朱温篡夺政权。历史进入五代十国的割据时代，在五十四年时间里竟有十五个王朝八姓五十个皇帝急急上台又匆匆谢幕，中原尚且不能混一，自然无暇顾及西域。经过数十年的混战，赵匡胤建立的宋政权，终于实现了华夏内地的大体统一。宋朝自建国之初，就一直承受着来自北方的辽朝的巨大压力。而在通向西域的道路上，自982年定难军李继迁叛宋自立起，夏政权日益强大起来。仅在李氏未叛的981

年，高昌回鹘王国曾向宋朝遣使朝贡，宋朝派出供奉官王延德等回聘，三年后，王延德回国，并向朝廷献上一部行记，即《王延德使高昌记》。此后，宋朝与西域的官方联系就断绝了。宋人只能在故纸堆里认识西域了。

武将建立的宋朝，最高统治者却对武人有着一种近乎病态的不信任，在所有统一王朝中，宋代在军事上是最为乏善可陈的。北宋大部分时间都是在向辽和西夏"花钱买和平"，南宋也是靠向金输送"岁币"换取东南半壁江山的平安。"国家不幸诗人幸"，偏安的屈辱局面，激发许多爱国诗人写下大量热情洋溢的爱国诗篇，歌唱恢复中原，歌唱天下统一。这些爱国诗人中最伟大的无疑是陆游，他的眼界最广、气魄最大。陆游梦想中的统一国度不仅包括锦绣中原，还包括茫茫西域。

陆游（1125—1210），字务观，号放翁。越州山阴（今浙江绍兴）人。高宗时应礼部试，因爱国言论被秦桧所黜。孝宗时赐进士出身。中年入蜀，投身军旅。晚年退居故乡。陆游一生始终坚持抗金，他的诗词充满了爱国主义的激情。近人梁启超赋诗《读陆放翁集》说："诗界千年靡靡风，兵魂销尽国魂空。集中十九从军乐，亘古男儿一放翁！"

陆游"精骛八级，心游万仞"，在诗歌世界里，西域对他来说并不遥远，也并不陌生。试读其《焉耆行二首》：

西出阳关

　　焉耆山头暮烟紫，牛羊声断行人止。平沙风急卷寒蓬，天似穹庐月如水。大胡太息小胡悲，投鞍欲眠且复起。汉家诏用李轻车，万丈战云来压垒。

　　焉耆山头春雪晴，莽莽惟有蒺藜生。射麋食肉饮其血，五谷自古惟闻名。樵苏切莫近亭障，将军卧护真长城。十年牛马向南睡，知是中原今太平。

陆游构筑的西域图景，是中原王朝拥有强大的军事实力，西域民族各安所业，农耕文明和游牧文明和谐共处，都是统一国家的有机组成部分。可惜，在南宋的现实条件下，他的梦想注定无法实现，但他的爱国热情至死不曾泯灭，如《十一月四日风雨大作》："僵卧孤村不自哀，尚思为国戍轮台。夜阑卧听风吹雨，铁马冰河入梦来。"

　　虽然轮台、焉耆是陆游绝对无法亲身前往的地方，但是他对西域的向往不逊于任何人。无法亲历西域，不仅是陆游个人的悲哀，也是有宋一代所有爱国诗人共有的悲哀。华夏诗坛缺失了它的西北角，也因此失去了很多精彩。

第三章

不妨终老在天涯

成吉思汗统一蒙古高原后,蒙古民族在"黄金家族"的带领下进行了三次西征,建立起规模空前的大帝国,也使丝绸之路再度畅通无阻。在成吉思汗西征的大军中,有两位中原人士特别引人注目,丘处机和耶律楚材在河中府的唱和,堪称古代中华文坛最西端的文学活动。明朝初年,作为使臣的陈诚也用他的诗笔描绘了阳关之外的别样风情。

第一节　阴山西下五千里

13世纪初叶，漠北草原上崛起了一个新的民族。这片草原上兴起过很多盛极一时的民族，最著名的如匈奴、鲜卑、柔然、突厥、回鹘、契丹。但好比"铁打的营盘流水的兵"，那些民族要么融入他族，要么迁徙远方，只有一个后起的民族在草原上扎下根来，并以之为基地，东征西讨，几乎征服了整个内陆欧亚。这个民族就是蒙古，自此以后的西域历史都少不了蒙古人的身影。

1206年，蒙古民族的杰出领袖铁木真，大会蒙古诸部，在斡难河（今鄂嫩河）畔召开忽里台大会（蒙古贵族军政会议，负责推举可汗或其他军政长官），即大汗之位，号称成吉思汗，建立大蒙古国。成吉思汗颁布法律《大扎撒》（《成吉思汗法典》），建立宿卫军"怯薛"，分封九十五个千户，通过这些制度将草原上的数十万引弓之民组织成为一具庞大的战争机器。在成吉思汗及其子孙的率领下,蒙古铁骑先后三次西征,席卷大半个欧亚大陆,建立起空前绝后的辽阔帝国。茫茫西域成为成吉思汗"黄金家族"的家产。

作为一代雄主,成吉思汗擅长的不仅是打仗,他还有着高超的政治手腕,善于笼络各种人才为己所用,对于宗教人士更是重视。对中原兴起的全真道,他密切关注,并力邀全真道掌教丘处机前来相见。

丘处机(1148—1227),字通密,道号长春子,登州栖霞(今属山东)人。丘处机十九岁出家学道,1168年拜全真道祖师王重阳为师,位列重阳门下"全真七子",曾随王重阳在河南、山东等地传道。王重阳逝世后,他先后在磻溪(在今陕西宝鸡)、龙门山(在今陕西陇县)隐居修道,后回登州传道。1203年,成为全真道第五任掌教。丘处机有很高的文学修养,著有《磻溪集》《鸣道集》等,其中保存有五百余首诗和一百五十余首词,诗风朴实、明快。

丘处机在山东地区影响很大,金、宋派人征召,均被他拒绝。1219年,成吉思汗派遣近臣刘仲禄邀请丘处机来漠北相见。当时"人皆以为师南行,盖南方奉道之意甚厚,而北方则杀戮太过,况复语言不通",但丘处机不顾七十多岁的高龄,带领十八名弟子,毅然前往。丘处机取道燕京(今北京)

北上，但当他到达漠北汗庭时，成吉思汗正在率军西征。为了早日见到成吉思汗，丘处机没有在漠北等待，他从蒙古高原南下，翻越金山（今阿尔泰山），抵别失八里（在今新疆吉木萨尔境内），循天山北麓，经彰八里（在今新疆昌吉境内）、阿力麻里（在今新疆霍城境内），渡答剌速河（今塔拉斯河），抵察赤（今乌兹别克斯坦塔什干），然后渡忽章河（今锡尔河），抵邪米思干（今乌兹别克斯坦撒马尔罕），最后渡过阿母河（今阿姆河），一路行程数万里，历经千难万险，1222年终于在大雪山（今阿富汗境内兴都库什山）见到成吉思汗，力劝对方"清心寡欲"、"敬天爱民"、"好生止杀"。成吉思汗命其掌管天下道教。丘处机回到中原后在燕京住持天长观（后成吉思汗赐名长春宫，即今白云观）。

跟随丘处机西行的弟子李志常撰有《长春真人西游记》，记录了师徒一行途中所见所闻，其中载有丘处机所作诗歌，诗句中间多夹有小注，但均无诗题，后人截取诗前字句为题。

在前往漠北途中，丘处机作有《复寄燕京道友》："十年兵火万民愁，千万中无一二留。去年幸逢慈诏下，今春须合冒寒游。不辞岭北三千里，仍念山东二百州。穷急漏诛残喘在，早教身命得消忧。"

古语云："言为心声。"丘处机此行的目的在这首诗中表露无遗,他远赴漠北,是为了拯救中原百姓于涂炭之中。诗中所谓"山东二百州",典出杜甫《兵车行》,非当时"山东东路"之意,乃崤山之东,指代整个中原内地。达到漠北后,他又马不停蹄前往西域,就是为了早日见到成吉思汗,为结束"北方杀戮太多"而进谏。

在翻越阿尔泰山进入西域,抵达天山脚下时,丘处机作《途中作诗》:"高如云气白如沙,远望那知是眼花?渐见山头堆玉屑,远观日脚射银霞。横空一字长千里,照地连城及万家。从古至今当不坏,吟诗写向直南夸。"

渡过茫茫大漠,山顶积满千古白雪的巍巍天山突兀出现眼前,尤其是山脚下有城市、有水流、有人家,在白草黄沙的征途尽头,眼前突然出现如此景象,特别容易引起诗人的吟兴。

丘处机师徒一行沿着天山北麓迤逦西行,在轮台(在今新疆乌鲁木齐西,与今新疆轮台县不是一个地方)作有《南望阴山,三峰突兀倚天,因述诗赠书生李伯祥,生相人》云:

三峰并起插云寒,四壁横陈绕涧盘。雪岭界
天人不到,冰池耀日俗难观(人云:向此冰池之间观

莽莽天山

看，则魂识昏昧）。岩深可避刀兵害（其岩险固，逢乱世坚守，则得免其难），水众能滋稼穑干（下有泉源，可以灌溉田禾，每岁秋成）。名镇北方为第一，无人写向图画看。

古轮台城，当丝绸之路北道交通要冲，早在汉代，就是西域重镇。汉军在此地屯戍，带来了中原先进的农耕技术，天山融雪每年带来足资灌溉的水源，因此天山也就成为游牧文明与农耕文明的分界线。对于来自汉地的丘处机一行而言，从漠北一路走来，缺的不是肉食，而是五谷和蔬菜。到了稼稂遍野的天山脚下,他们终于可以不用担心了。行至阿里马城(一般作阿力麻里,在今新疆霍城境内),复有《自金山至此,以诗纪其行》云:

> 金山东畔阴山西,千岩万壑横深溪。溪边乱石当道卧,古今不许通轮蹄。前年军兴二太子,修道架桥彻溪水(三太子修金山,二太子修阴山)。今年吾道欲西行,车马喧阗复经此。阴山铁壁千万重,争头竞角夸清雄。日出下观沧海近,月明上与天河通。参天松如笔管直,森森动有百余尺。万株相依郁苍苍,一鸟不鸣空寂寂。羊肠孟门压太行,比斯太略犹寻常。双车上下苦敦擗,百骑前后多惊惶。天池海在山头上,百里镜空含万象。悬车束马西下山,四十八桥低万丈。河南海北山无穷,千变万化规模同。未若兹山太奇绝,磊落峭拔如神功。我来时当八九月,半山已上皆为雪。山前草木暖如春,山后衣衾冷如铁。

天山(即诗中之阴山)的雄伟,带给了熟悉磻溪、龙门山与昆嵛山秀丽风光的丘处机不同的审美体验。"羊肠孟门压

西出阳关

太行，比斯太略犹寻常"，写的是天山之雄；"山前草木暖如春，山后衣衾冷如铁"，写的是天山之奇。一座大山造成了山前山后不同的气候，这在中原是难以想象的。若非西行万里，是无法领略到这样"奇绝"景象的。

走到天山尽头，就进入了河中地区（即锡尔河和阿姆河之间的肥沃谷地），邪米思干大城就坐落在这块肥沃谷地的中心位置，这里也是花刺子模王国的故都。丘处机在邪米思干盘桓了较长时间，留下了好几首诗作。一路上鞍马劳顿，终于可以得到暂时的休整，且邪米思干作为河中地区的中心城市，人口众多，其中不乏汉人的身影。丘处机在这里不仅物质生活上较为方便，而且可以找到在精神上进行交流的人士，如他的《谈玄论道，时复引觞，日昃方归，作诗》云：

> 阴山西下五千里，大石东过二十程。雨霁雪山遥惨淡，春分河府近清明（邪米思干大城，大石有国时名为河中府）。园林寂寂鸟无语（花木虽茂，并无飞禽），风日迟迟花有情。同志暂来闲睥睨，高隐归去待升平。

像耶律楚材这样的饱学之士当时就在邪米思干城中，丘处机经常与之论道，并互相唱和。而这座河中大城的风俗，从服装到货币再到土产瓜果，都使丘处机觉得颇为新奇，他的《过河中异其俗作诗以纪其实》云："回纥丘墟万里疆，河中城大最为强。满城铜器如金器，一市戎装似道装。剪镞黄金为货赂，裁缝白甃作衣裳。灵瓜素椹非凡物，赤县何人构得尝？"

兴都库什山也同样雄伟，丘处机在《复南，望大雪山而西，山形与邪米思干之南山相首尾，复有诗》中云："造物峥嵘不可名，东西罗列自天成。南横玉峤连峰峻，北压金沙带野平。下枕泉源无极润，上通霄汉有余清。我行万里慵开口，到此狂吟不胜情。"

名山大川勾起丘处机的诗兴，德高望重的老人竟然"狂吟不胜情"。但丘处机万里西行，可不是为了游山玩水，他始终没有忘记"山东二百州"，在多首诗作中他都对自己的使命念念不忘。如《出峡，复有诗二篇》（其一）："水北铁门犹自可，水南石峡太堪惊。两崖绝壁搀天耸，一涧寒波滚地倾。夹道横尸人掩鼻，溺溪长耳我伤情。十年万里干戈动，早晚回军复太平。"

铁门关（非岑参笔下之铁门关）是邪米思干城西 90 里外的一处重要关口，地势十分险要，在这凶险的路段，人和马都有失足死亡的危险。丘处机此诗显示出其悲天悯人的宗教家情怀，早日天下太平是他热切期盼的，也是他此次西行追求的长远目标。在另外一首《三太子之医官郑公途中相见，以诗赠》，他表达了同样的愿望："自古中秋月最明，凉风届候夜弥清。一天气象沉银汉，四海鱼龙耀水精。吴越楼台歌吹满，燕秦部曲酒肴盈。我之帝所临河上，欲罢干戈致太平。"

丘处机自幼父母双亡，早年尝遍了世间艰辛。他的学道求仙，大概就是为了解脱尘世的痛苦。经过数十年的修炼，他坐上全真道掌教的高位，于名利两端都不缺乏了。但是为了中原百姓，为了"罢干戈致太平"，他年逾古稀依然西行万里，这种精神才是救世的大勇。当然，茫茫西域也没有辜负他的万里长征，他领略了中原见不到的奇异风光，并且在前代诗人足迹不到之地留下诗篇（丘处机曾在阿姆河南岸留下诗作），这在我国古代文学史上，恐怕是空前绝后的。

丘处机在西域还留下了一些词作，如作于邪米思干的《凤栖梧》两阕。词作为一种后起的文学体裁，兴于唐而盛于宋，宋词与唐诗并称一代之文学，但宋代疆域较小，且周围强敌环峙，西域道路阻隔，宋代词人无缘前往，所以此前还没有人在西域留下词作。丘处机应该是亲历西域的第一位词

内流河（指由内陆山区降雨或高山融雪产生的，只能流入内陆湖泊或在内陆消失的河流）

人，但其所作词充满宗教气息，缺乏文学色彩，兹不赘述。

西行途中，不仅丘处机经常吟诗，随行的十八弟子之中，尹志平也在西域留下诗篇。

尹志平（1169—1251），字太和，道号清和。祖籍沧州（今属河北），宋时徙居莱州（今属山东）。幼颖悟，十四岁即从马钰学道。金明昌二年（1191），入丘处机门下。丘处机西行觐见成吉思汗，尹志平为十八随行弟子之一。丘处机卒后，他成为全真道第六代掌教宗师。尹志平著有《葆光集》三卷，卷一保存了在西行途中所作诗。

尹志平诗笔远较其师逊色，如《金山（自宣德州至田相

西出阳关

公营,约七八千里,乃金山之北也)》:

西北行程近八千,却成南下过金山。金山更向西南望,才见阴山缥缈间。

曾从神仙日下游,五千里外水分头。时人只解东溟注,不见长河西北流。

西出阴山万里多,一重山外一重河。大河五次亲重渡,余外山河未见他。

这样的诗作浅显易懂,如道家常般将自己在旅途中的感受表达出来。再如《过大石林牙契丹国》:

辽因金破失家乡,西走番戎万里疆。十载经营无定址,却来此地务农桑。

群雄力战得农桑,大石林牙号国王。几帝聚兵成百万,到今衰落亦成荒。

这两首诗写的是到达河中之后的见闻。大石林牙的西辽帝国突然崛起于西域,又不到百年而亡,留给了后人无尽的话题。尹志平还有《西域物候节气比中原较早,故记

第三章 不妨终老在天涯

之》："止渴黄梅已得尝，充饥素椹又持将。时当小满才初夏，椹熟梅黄麦亦黄。"

西域独特的自然禀赋培育出迥异于中原的瓜果，比如诗中提到的"素椹"，也就是白色的桑葚，为丘处机师徒前所未见。应该说，尹志平是幸运的，其师丘处机在人生的最后阶段做了一个正确的决定，不远万里前往西域觐见成吉思汗，得到了掌管天下道教的政治回报，使得全真道获得了新的历史契机。在尹志平掌教的 20 年中，全真道的发展达到鼎盛时期，他的一生也极尽荣耀。嗣后李志常掌教时期，忽必烈偏信佛教，全真道的地位就一落千丈了。

据说，丘处机到达漠北之后，原想就在该地等待成吉思汗西征回驾。但成吉思汗的一纸诏书，使他再次踏上征程奔赴西域"行在"。这篇诏书写得非常得体，让长春真人无法拒绝，全文如下：

成吉思皇帝敕真人丘师：

省所奏应诏而来者，备悉。惟师道逾三子，德重多端。命臣奉厥元纁，驰传访诸沧海。时与愿适，天不人远。两朝屡诏而不行，单使一邀而肯起。谓朕天启，所以身归。不辞暴露于风霜，自愿跋涉于沙碛。书章来上，喜慰何言？军国之事，非朕所期；道德之心，诚云可尚。朕以彼酋不逊，我伐用张。军旅临试，边陲底定。来从去背，实力率之故然；久逸暂劳，冀心服而后已。是用载扬威德，略驻车徒。重念云轩既发于蓬莱，鹤驭可游于天竺。达磨东迈，元印法以传心；老氏西行，或化胡而成道。顾川途之虽阔，瞻几杖以非遥。爰答来章，可明朕意。秋暑，师比平安好，指不多及。

诏书中将自己西征的原因与希望早日见到丘处机的诚意说得清楚明白，且高度评价丘处机此行的作用，"达磨东迈，元印法以传心；老氏西行，或化胡而成道"，将丘处机比作禅宗的达摩祖师和道家的创始人老子，令丘处机不禁好奇，"只识弯弓射大雕"的成吉思皇帝帐下，还有如此能文之士？到达西域之后，他就见到了这份诏书的捉刀人——耶律楚材。丘处机在西域与成吉思汗几次论道，都由耶律楚材记录下来，编为《玄庆风会录》。丘处机和耶律楚材还经常在一起唱和，他们的文学活动是古代汉文诗坛中发生位置最西的。

第二节 未济苍生曷敢归

耶律楚材（1190—1244），字晋卿，号玉泉老人，法号湛然居士。燕京人。出身于契丹贵族家庭，乃辽太祖耶律阿保机九世孙。其父耶律履在金代仕至尚书右丞，博学多才，能诗，元好问所编《中州集》存其诗一首。以父荫为省掾，金宣宗贞祐南渡之后，耶律楚材任燕京留守左右司员外郎。成吉思汗攻破燕京后，听说耶律楚材学识渊博，特意召见，并将其留在身边以备参谋。成吉思汗西征时，耶律楚材随征，经常向成吉思汗进止杀安民之道，深受器重。

耶律楚材像

窝阔台即位后，耶律楚材更加受到重用，他为大蒙古国确立了一系列典章制度，使蒙古族统治者在一定程度上接受了汉文化，为元朝的最终建立奠定了基础。《元史》卷一四六有传。

耶律楚材多才多艺，著有《湛然居士文集》共十四卷。今存诗歌六百余首，其中作于西域者百余首。因为元代统治者蒙古民族原有文化水平相对落后，元代文学的起点是从"借才异代"开始的。耶律楚材可以称为元代诗歌史上的第一位诗人，而他在西域期间所作诗歌也是他一生中最优秀的作品。

耶律楚材生长于燕京，自1219年跟从成吉思汗征讨花剌子模，至1228年回到中原，在西域生活了将近十年。当年诗人岑参二次西出阳关，曾怀才不遇而"无事历三年"，而耶律楚材在西域一呆就是十年。就《元史·耶律楚材传》的记载来看，耶律楚材在成吉思汗西征军中所立下的功绩多为解释天象、预报月食以及为出征占卜之类，这无异于割鸡用牛刀。而且在相当长的时间里，当成吉思汗率领军队四处攻掠的时候，他是在河中府后方闲居的。对于渴望以儒家思想平治天下的政治家耶律楚材来说，这种生活肯定是令他感到失意的。而对于诗人耶律楚材来说，身边缺少可以进行精神交流的人，就更加无奈了。他深深怀念着万里之外的故园，如《庚辰西域清明》:"清明时节过边城,远客临风几许情。野鸟间关难解语,山花烂漫不知名。葡萄酒熟愁肠乱,玛瑙杯寒醉眼明。遥想故园今好在,梨花院落鹧鸪声。"异乡的春天缭乱着诗人的情思,"葡萄美酒夜光杯"也无法使他沉醉。

再如《壬午元日二首》(其二):"万里西征出玉关,诗无佳思酒瓶干。萧条异域年初换,坎坷穷途腊已残。身通碧云游极乐,手遮东日望长安。年光迅速如流水,不管诗人两鬓斑。"

新春来临,本是乐事。但在万里异域,却"每逢佳节倍思亲"。在耶律楚材的西域诗歌中,"酒"随处可见,"醉"则相对较少。可能是异域的葡萄酒"虏酒千钟不醉人",更可能是"举杯消愁愁更愁",以至于"永怀愁不寐"了。

秋天更容易惹起诗思,耶律楚材笔下的西域之秋苍凉萧瑟,使人思绪深远,如《西域有感》:"落日城头鸦乱啼,秋风原上马频嘶。雁行南去潇湘北,萍迹东来鸟鼠西。百尺栋梁谁着债,三春桃李自成蹊。功名到底成何事,烂饮玻璃醉似泥。"

为了功名,万里西行,却处于闲散的位置,诗人的才华难以得到施展,不禁"酒入愁肠,化作相思泪",他最思念的是远在燕京家中的老母。如《思亲有感二首》(其一):"游子栖迟久不归，积年温清阙慈闱。囊中昆仲亲书帖，箧里萱堂手制衣。黄犬不来愁耿耿，白云空望思依依。欲凭鳞羽传安信，绿水西流雁北飞。"真是"慈母手中线，游子身上衣"，对着慈母亲手缝制的衣服，怎能不勾起乡愁？耶律楚材生母杨氏出身书香门第，楚材三岁丧父，杨氏将他带回老家广宁，严加督导，将其培养成博学多才之士，可以说"有其母方有其子"。耶律楚材对母亲的感情非常深厚，他在多篇西域诗作中都为不能亲身侍奉母亲深表歉疚。

耶律楚材不仅思念家人，还思念远方的朋友。如《思友人》："落日萧萧万马声，东南回首暮云横。金朋兰友音书绝，玉轸朱弦尘土生。十里春风别野店，五年秋色到边城。云山不碍归飞梦，夜夜随风到玉京。"

纵览《湛然居士文集》中的西域诗作，与燕京文人之间的寄诗、和诗、索诗比比皆是。十年岁月，万里关山，也没有隔断耶律楚材与燕京文坛之间的有机联系，因为那里才是他的精神家园。

耶律楚材西域诗中最著名的莫过于《西域河中十咏》，暂举二首如下：

    寂寞河中府，连甍及万家。葡萄亲酿酒，把榄看开花。饱啖鸡舌肉，分餐马首瓜。人生惟口腹，何碍过流沙。

寂寞河中府，临流结草庐。开樽倾美酒，掷网得新鱼。有客同联句，无人独看书。天涯获此乐，终老又何如。

耶律楚材在河中府前后住了好几年，多年生活的积淀凝聚成这组内容丰富、格调不俗的佳作。河中府乃西辽重镇，而西辽又是契丹同宗耶律大石所建。耶律大石为辽太祖耶律阿保机八世孙，耶律楚材为九世孙，则大石为楚材族叔。耶律楚材是以天下为己任的那种大才，但在成吉思汗西征的征途中，他并不能发挥多大的作用。西域毕竟不同于中原，不仅缺乏诗书琴棋，而且缺少从事文艺活动的必备器材，甚至连笔墨纸砚都成了问题。耶律楚材在这样的环境中，没有消沉，他"麻笺聊写字，苇笔亦供吟。伞柄学钻笛，宫门自斫琴"，这些自娱自乐的行为，表达的是一种对文化的坚守。可以说，在茫茫西域，契丹诗人耶律楚材成了中华文化的形象代言人。"有客同联句，无人独看书"，这是诗人耶律楚材在河中府寂寞生活中的最大慰藉，为了这种精神上的愉悦，他甚至说"天涯获此乐，终老又何如"。

同样的意思在《西域蒲华城赠蒲察元帅》中也表达过："骚人岁杪到君家,土屋萧疏一饼茶。相国传呼扶下马,将军忙指买来车。琉璃钟里葡萄酒,琥珀瓶中杷榄花。万里遐荒获此乐,不妨终老在天涯。"

诗中的蒲察元帅,疑为金朝降将女真人蒲察七斤。一位契丹王孙和一位女真将军,相会于西域,在他们身上已经消除了民族的界限(在元代的四大族群划分中,契丹、女真及其他原金朝疆域内的北方民族均被归入"汉人"之列),只剩下诗朋酒友的情投意合。诗人甚至表示"不妨终老在天涯",要在西域扎下根来了。

十年之后,终于踏上归程的诗人,在《和移剌继先韵》中流露出一种"剪不断、理还乱"的复杂情绪:"旧山盟约已愆期,一梦十年尽觉非。瀚海路难人去少,天山雪重雁飞稀。渐惊白发人辞老,未济苍生曷敢归。去国迟迟情几许,倚楼空望白云飞。"

西域就是这样一块神奇的土地,古往今来的诗人,在西行的路上,往往被黄沙大碛搅得惆怅失志,恨不得立刻调转马头东归;离开西域的时候,却又依依不舍,一步一回首,恨不得将西域整个装进诗句,带回中原。

多年以后,回到中原受到窝阔台重用并参决中书大政的耶律楚材还深情地回忆起在西域的岁月,如《和武川严亚之见寄》(其一):"当年西域未知名,四海无人识晋卿。扈从銮舆三万里,谟谋凤阙九重城。衣冠异域当年志,礼乐中原乃可荣。何日功成归旧隐,五湖烟浪乐余生。"

"衣冠异域","礼乐中原",这应该就是耶律楚材毕生为之奋斗的目标。耶律楚材在大蒙古国时期开创的许多典章制度,为后来元代的政治文化发展奠定了基础。元代灭亡之后,汉族文人宋讷写诗赞颂元朝为"百年礼乐华夷主",如果和大蒙古国建立初期那种蒙古民族连文字都没有的状态联系起来,不难从中看出耶律楚材的历史贡献。

在西域期间,耶律楚材身边发生过一件很重要的事情,就是丘处机的到来。本来在河中府,耶律楚材精神交流的对象很少,丘处机到来后,二人可以谈玄论道,这样就大大减轻了河中府的"寂寞",况且丘处机也是一位诗人,他们可以互相唱和。1222年,在与丘处机河中府西郊踏青之后,同游的耶律楚材一口气次韵作了两组十五首诗,即《壬午西域河中游春十首》、《河中春游有感五首》。即使是丘处机返回中原之后,耶律楚材还一再对其诗作进行追和,如耶律楚材的《过阴山和人韵四首》和的就是丘处机的诗作,其一乃是歌行:

西出阳关

阴山千里横东西,秋声浩浩鸣秋溪。猿猱鸿鹄不能过,天兵百万驰霜蹄。万顷松风落松子,郁郁苍苍映流水。天丁何事夸神威,天台罗浮移到此。云霞掩翳山重重,峰峦突兀何雄雄。古来天险阻西域,人烟不与中原通。细路萦纡斜复直,山角攀天不盈尺。溪风萧萧溪水寒,花落空山人影寂。四十八桥横雁行,胜游奇观真非常。临高俯视千万仞,令人凛凛生恐惶。百里镜湖山顶山,旦暮云烟浮气象。山南山北多幽绝,几派飞泉练千丈。大河西注波无穷,千溪万壑皆会同。君成奇语壮奇诞,造物缩手神无功。山高四更才吐月,八月山峰半埋雪。遥思山外屯边兵,西风冷彻征衣铁。

"山高四更才吐月,八月山峰半埋雪"将天山隔绝阴阳、变更寒暑的雄峻刻画得非常生动形象,与丘处机原作有异曲同工之妙。

耶律楚材似乎对于这篇歌行的韵脚有所偏爱,还作有《再用前韵》。此后,他又用同一韵脚吟过自己学佛的心得。李志常在《长春真人西游记》中说丘处机"为文,未始起稿,

天山雄姿

临纸肆笔而成"，丘处机的诗文多是一挥而就，缺乏推敲之功，因此往往有句无篇。而耶律楚材不厌其烦地步韵追和，足见在西域时期二人关系之亲密。只是后来二人由于宗教思想的分歧越来越大，终于分道扬镳，耶律楚材晚年对全真道的学说进行过批判，但其时丘处机早日离开人世，二人已经没有机会辩论了。不过，在清初朱彝尊、汪森编选的《词综》中收入一首耶律楚材的词作《鹧鸪天·题七真洞》："花界倾颓事已迁，浩歌遥望意茫然。江山王气空千劫，桃李春风又一年。横翠嶂，架寒烟。野花平碧怨啼鹃。不知何限人间梦，并触沉思到酒边。"

七真洞在崂山，其中供奉的"七真"，就是丘处机等"全真七子"。耶律楚材的这首小令是否可以视为与丘处机的一种跨时空对话呢?

耶律楚材出身契丹王族,当成吉思汗攻破燕京,第一次召见耶律楚材的时候曾对他说:"辽、金世仇,朕为汝雪之。"耶律楚材的回答是:"臣父祖尝委质为臣,既为之臣,敢仇君耶?"耶律楚材对金朝的态度是从儒家观念出发的,是一种理性的认识。他对辽代的感情,则是源于血脉的,从他在西域翻译契丹语文献《醉义歌》中可见一斑。

耶律楚材字晋臣,其中包含的意思就是"虽楚有材,晋实用之",这位契丹王孙先仕于金朝,后归于蒙古,这似乎是他的宿命。他以"治天下匠"(西夏人常八斤,因为善于制造弓箭,受到成吉思汗信任,他说:"国家方用武,耶律儒者何用?"耶律楚材回答:"治弓尚须用弓匠,为天下者岂可不用治天下匠耶?")自居,为大蒙古国的政治发展殚精竭虑,虽然他的很多主张被成吉思汗和窝阔台采纳,但囿于蒙古民族社会文化发展水平,还有很多陈规陋习是耶律楚材"力不能止"的。尤其是窝阔台逝世后,乃马真后称制,重用法提玛等喜欢聚敛的色目人,耶律楚材受到排挤,最终赍志以殁。

耶律楚材的次子耶律铸出生于西域,耶律楚材非常重视对耶律铸的教育，在《湛然居士文集》卷五有一首《爱子金柱索诗》就是写给耶律铸的："文献阴功绝比伦，昆虫草木尽承恩。我为北阙十年客，汝是东丹九世孙。致主泽民宜务本，读书学道好穷源。他时辅翼英雄主，珥笔承明策万言。"

耶律铸没有辜负父亲的期待，他是元初著名政治家，也是一位诗人。他自幼聪慧，秉承家学，能诗善文，且擅长骑射。耶律楚材逝世后，嗣领中书省事。后随蒙哥汗征蜀，蒙哥逝世后，阿里不哥起兵漠北，与忽必烈争位。耶律铸不顾家小在漠北，毅然投向忽必烈。曾随忽必烈北征，官至中书左丞相。耶律铸著有《双溪醉隐集》六卷，他的诗写得颇有情致，如《沙碛道中》："去年寒食在天涯，今年寒食又别家。天南天北人万里，春风开尽马莲花。"耶律楚材于1228年从中原东归，耶律铸此前应该在西域度过童年。他和其他诗人不同，是本书论及的唯一在西域长大的诗人。

蒙古自1206年建国后，在1219到1260年的四十多年时间里，先后进行三次大规模的西征，对世界历史影响深远。1219—1225年，成吉思汗亲率大军发动第一次西征，征服中亚；1235—1242年，成吉思汗之孙拔都率军西征，建立钦察汗国；1252—1260年，成吉思汗之孙旭烈兀进行第三次西征，建立伊利汗国。耶律楚材参与的是第一次西征，伯颜参与的则是第三次。

伯颜（1236—1295），蒙古八邻部人。早年随父从旭烈兀西征波斯，长于西域。元世祖至元元年（1264），伯颜以旭烈兀使者身份抵达汗庭，受到忽必烈赏识，忽必烈认为他器宇不凡，"非诸侯王臣也"，便留为侍臣，并以中书右丞相安童之妹妻之。至元二年（1265），伯颜官拜中书左丞相，四年（1267），改中书右丞，七年（1270），任同知枢密院事。至元十一年（1274），为左丞相，行省荆湖，统率襄阳兵马南下攻宋。次年分兵三路，亲自率师兵临南宋都城临安（今浙江杭州市）城下。至元十三年（1276）正月，南宋小皇帝赵㬎出降，伯颜完成了灭宋的功勋。此后曾长期统兵北部边疆，为元廷抵御海都、乃颜、明理帖木儿等反叛宗王的侵扰，和出镇漠北的皇孙铁穆耳结下战斗情谊。元世祖死后，他拥立铁穆耳即位，是为元成宗。《元史》本传说他"深略善断"，"廉谨自持"。伯颜能诗文，《元史》卷127有传。

旭烈兀西征起始于蒙哥汗二年（1252），伯颜跟随父亲出征，年仅十七岁。此后十余年他一直生活在西域，二十九岁才回到中原。那么他的汉语是什么时候学习的——是在西征之前，还是回国之后——这个问题现存史料中缺乏足够证据。我们只能从忽必烈初次见到伯颜，就惊叹他"非诸侯王臣也，其留事朕",不久就擢任中书左丞相的高位来推测,伯颜应该在西征之前就打下了良好的语言文字基础(除了蒙古文之外,其中可能包括汉文),具有良好的文化修养,而西域十余年的经历,应该使他精通波斯文,如此多才多艺,才能让忽必烈一见倾心,以致从其弟旭烈兀那里"横刀夺爱"。因为汉语较为复杂难学,如果伯颜没有在早年打下良好基础,回到中原之后位高事繁,是很难在短短几年时间里达到吟诗作曲的水平。读者不妨试读他在攻宋战争中写下的诗篇,还是很见功力的。首先是具有军令状性质的《奉使收江南》:"剑指青山山欲裂,马饮长江江欲竭。精兵百万下江南,干戈不染生灵血。"

下面这首《过梅岭冈留题》则写于大功告成之后,表现出一代名将功成身退的潇洒情怀:"马首经从庾岭回,王师到处即平夷。担头不带江南物,只插梅花一两枝。"

伯颜应该是蒙古族文学史上第一位用汉文写作的诗人,他的存诗不多,但是都具有一定的艺术水准,值得玩味。伯颜不仅能诗,还是一位散曲作者。据元末叶子奇的笔记《草木子》记载,伯颜在伐宋军中,与汉人将领张弘范宴饮,席上各作一首〔中吕〕《喜春来》小令。伯颜写道:"金鱼玉带罗襕扣,皂盖朱幡列五侯。山河判断在俺笔尖头。得意秋,分破帝王忧。"张弘范的小令则是："金妆宝剑藏龙口，玉带红绒挂虎头。 旌旗影里骤骅骝。得意秋，喧满凤凰楼。"

　　将两首作品比较来看，张作无疑遣词用字更加讲究，音韵也更加整饬，但对于蒙古政权来说，这位张九元帅即使立下赫赫战功，终究只是一名外人，他的"得意秋"最多不过"喧满凤凰楼"，也就是赢得浮名罢了。而伯颜不同，他是蒙古国族，笔下没有那么多顾忌，"山河判断在俺笔尖头"的句子，毫不掩饰自身的踌躇满志，他的得意之处在于自己能够为帝王分忧，个人的命运和大元帝国的命运紧密联系在一起！叶子奇评价曰"帅才相量，各言其志"，也是看透了两位统帅的不同心态。

　　成吉思汗的黄金家族攻占内陆欧亚后，建立了几个宗藩政权，也就是所谓的四大汗国，钦察汗国、察合台汗国、窝阔台汗国、伊利汗国。其中察合台汗国、窝阔台汗国与元朝中央政府距离最近，关系也最为复杂。忽必烈即位后定鼎大都，推行汉化，曾招非议："西北藩王遣使入朝，谓本朝旧俗与汉法异。今留汉地，建都邑城郭，仪文制度，遵用汉法，其故何如？"窝阔台汗国的宗王海都不满汗位从窝阔台系转移到拖雷系，联合察合台汗国的笃哇举兵与忽必烈政权对抗，西域道路再次阻隔，最东端的别失八里（今新疆奇台境内，元代设有北庭都元帅府）和哈剌火州（今新疆吐鲁番境内，元代设有哈剌火州总管府）一带成为军事前线。诗人陈义高的西出阳关因此有点"浅尝辄止"的感觉。

陈义高（1255—1299），字宜父，号秋岩，福建人。元代玄教道士，曾随晋王甘麻剌（元世祖太子真金之长子、元成宗铁穆耳之兄、泰定帝也孙铁木儿之父）出塞到高昌等地，著有《秋岩诗集》。他有《过交河作》："黄昏饮马伴交河，吟著唐人出塞歌。后四百年来到此，夕阳衰草意如何。"

南宋大诗人杨万里曾在《初入淮河》（其一）中写道："何必桑干方是远，中流以北即天涯。"对于一位生长于南宋的诗人来说，出塞已经是遥不可及，交河古城更是在唐诗中才能见到了。但是元朝的统一，为福建人陈义高提供了西出阳关亲历西域的历史契机，只可惜当时西域大部分地区处于海都等叛王的控制之下，他无法走得更远。

第三节　遗迹尚存唐制度

海都死后，窝阔台汗国迅速衰落，笃哇乘机灭了窝阔台汗国。察合台汗国将天山南北和河中地区都纳入版图，但汗国不久就一分为二，即西察合台汗国和东察合台汗国。1368年，明太祖朱元璋在应天（今江苏南京）称帝，建立明朝，接着他派遣大将军徐达率军北伐，元顺帝妥懽帖睦尔逃往漠北，元代残余政权在漠北维持了20年，史称北元。1370年，就在明朝建立之后不久，西察合台汗国的贵族帖木儿（1336—1405）篡位，经过东征西讨，建立起东西从德里到大马士革、南北从波斯湾到咸海的庞大帝国。帖木儿生前曾征集二十万大军打算东征明朝为元报仇，但他死在行军途中。帖木儿死后，帝国分裂，其第四子沙哈鲁控制了河中地区，定都哈烈（今阿富汗赫拉特），也就是明代文献中的哈烈国。沙哈鲁改变其父的政策，向明朝遣使通好，得到明成祖朱棣的积极回应。朱棣遣使回访哈烈国，诗人陈诚就是使团成员之一。

陈诚（1365—1457），字子鲁，号竹山，江西吉水人。洪武二十七年（1394）进士，洪武、永乐年间作为明廷使节，多次出使安南、西域。永乐十一年（1413）九月，明成祖诏令中官李达护送哈烈使者回国，陈诚以典书记随行。使团于永乐十二年（1414）十月抵达哈烈，于永乐十三年（1415）十月回到京师（今北京），陈诚将其撰写的《西域行程记》、《西域番国志》汇呈御览。此后，陈诚又曾三度出使西域。洪熙元年（1425）致仕还乡，修建奈园，吟诗会友，终其余生。著有《竹山集》。

陈诚于永乐十一年出使哈烈，当时朝野上下有很多诗人以诗赠行。陈诚在途中也写了不少纪行诗，这些诗收入《西域行程记》。如《复过川》："世事应如梦，胡川又复过。古今陈迹少，高下断崖多。识路寻遗骨，占风验老驼。夷人称瀚海，平地有烟波。"

陈诚之前曾在洪武二十九年（1396）出使西域的撒里畏兀儿，因此对西域的道路并不陌生，但上一次没有这次深入。所以一路上，他还是有许多新的感受，如《火焰山》："一片青烟一片红，炎炎气焰欲烧空。春光未半浑如夏，谁道西方

火焰山

有祝融。"还有《流沙河》:"桃李花开日载阳,流沙河浅水如汤。无端昨夜西风急,尽卷波涛上小岗。"这条流沙河可不是《西游记》里的八百里流沙河,根据《西域行程记》的上下文推测,它是火焰山之南的一条小河。这种沙漠里的小河多为季节性,无水的时候真的就只能流沙了。

征途中的一座座历史名城牵动了诗人的思绪,如《哈密火州城(即古高昌之地)》:"高昌旧治月氏西,城郭萧条市肆稀。遗迹尚存唐制度,居人争睹汉官仪。梵宫零落留金像,神道荒凉卧石碑。征马不知风土异,隔花犹自向人嘶。"

"遗迹尚存唐制度"一句看似简单的写实，其实包含着无限感慨，自中唐至明初的六百年间，高昌古城极少见到中原人士的身影，但汉文化留下的痕迹仍然保留在那些残碑断碣上。如今中原王朝重新强大起来了，中原人士又能踏上西域这块热土，而且"居人争睹汉官仪"，可见西域人民对中原的一切又何尝不感到好奇呢？

再如《土尔番城》："路出榆关几十程，诏书今到土番城。九重雨露沾夷狄，一统山河属大明。天上遥瞻黄道日，人间近识少微星。姓名不勒阴山石，愿积微勋照汗青。"土尔番城，就是今天的吐鲁番，这里是交河古城的所在地，"黄昏饮马傍交河"，这是诗人耳熟能详的句子。面对古城，诗人胸中升起的是一种神圣的使命感，他代表大明帝国来到西域，希望能够顺利完成使命从而名垂青史。

再如《过打班（华言度高岭）》："四月阴山雪未消，山行犹若涉岩峣。才逾马道穷三峡，又摄丹梯上九霄。西日衔山胡地冷，南天极目故乡遥。书生不惮驱驰苦，愿效微劳答圣朝。"

打班即达坂，就是高岭之意，天山达坂最有名者是冰达坂，陈诚笔下所写应该就是此地。冰达坂地势险要，让诗人颇感辛苦。

陈诚西域诗作中篇幅最长的是《阴山雪》：

使节西渡阴山来，愁云积雪扫不开。荒原野径空寂寞，千峰万岭高崔巍。行行早度河达口，峡险山深雪犹厚。官马迷途去去难，客衣着冷重重透。肌肤冻冷手足皱，玉楼起粟银海昏。军士唏嘘动颜色，天光暗淡凝寒氛。祝融司令行朱夏，赫赫炎威布天下。何独阴山遏运机，无乃玄冥夺造化。明朝旭日当天中，积雪消尽愁云空。玄冥玄冥尔何有，八荒四海春融融。

天山（诗中作阴山）的雪进入夏天仍不消融，给见惯江南青山绿水的陈诚带来了强烈的震撼，他从多个角度写天山之"高处不胜寒"，结尾仍归结到大明王朝的国威。来到河中地区之后，诗人以"天朝上国"来使的眼光打量着这里的一切，如《至撒马儿罕国主兀鲁百果园》：

巍巍金壁凳高台，窗户玲珑八面开。阵阵皇风吹箫幕，飘飘爽气自天来。

加趺坐地受朝参，贵贱相逢道撒蓝。不解低头施揖让，谁知屈膝拜三三。

饭炊云子邑相兼，不用匙翻手自拈。汉使岂徒营口腹，肯教点染玉纤纤。

金鞍骏马玉雕鞍，宝带珠缨锦臂鞲。身外不知天壤阔，妄将富贵等王侯。

在诗中，土人的朴野和汉使的矜持形成了鲜明的对比。这次出使耗时超过两年，在回国的路上，陈诚写下了一首具有总结性的诗作《出塞》："故国经年别，遐方万里还。秋风吹客袂，夜月渡关山。行李看远近，身心暂暂闲。遥瞻双凤阙，咫尺睹龙颜。"

陈诚的诗作政治气息颇重，他张口闭口都是"大明"，吃个手抓饭，也要顾忌天朝体统，几乎达到"一饭不忘君"的境界了。按照今天的说法，陈诚实在是一位主旋律诗人。但是要知道，在写这些诗的时候，作者是准备好了要给皇帝看的，势必将自己打扮得"克己复礼"一些，因此我们也不必当真，以此苛责古人。

明朝初期，除了哈烈国曾经遣使入贡之外，东察合台汗国也连年进贡，这种朝贡关系其实是古代一种变相的贸易联系，通过明朝回赐，朝贡国往往得到超出其朝贡物价值的物品。而与明朝的"互市"，也使东察合台汗国获得巨额经济收入，因此在大部分时间里，该国统治者与明朝保持了良好的政治经济关系。

至明朝中叶，叶尔羌汗国崛起，据有原东察合台汗国的大部分领土，汗国东部的吐鲁番地区成为一个相对独立的政权，该政权依旧与明朝保持着较好的政治经济联系。但到了明朝后期，来自东北地区后金政权的压力越来越大，明人"无暇西顾"，阳关之外极少中原人士的身影。陈诚之后，可说没有明代诗人再在天山脚下留下歌声。

第四章

清朝经过入关之后几十年发展，出现了所谓"康乾盛世"的强盛局面，乾隆中叶，朝廷彻底平定准噶尔部，使天山南北重新回到中央政权直接统治之下。"故土新归"之后，大量中原文士或因流放、或因戍边西出阳关，其中包括纪昀、洪亮吉等著名文学家，在他们笔下，西行之路虽然艰险却值得前往，西域已经成为一块日渐繁荣的热土。

弓刀闲挂只春耕

第一节　抛留农具赴戎机

北元被明朝攻灭后,漠北蒙古分裂成瓦剌和鞑靼,两大势力互相攻战。瓦剌一度占据上风,并进攻明朝,俘获明英宗朱祁镇于土木堡。后瓦剌衰落,逐步西迁,称为厄鲁特蒙古,分为准噶尔、杜尔伯特、和硕特、土尔扈特四部。清朝初期,准噶尔部强盛起来。1680年,准噶尔部首领噶尔丹攻灭叶尔羌汗国,据有天山南北。噶尔丹向康熙帝提出"圣上君南方,我长北方"的要求,康熙帝分别于康熙二十九年(1690)、康熙三十五年(1696)、康熙三十六年(1697)三次御驾亲征,噶尔丹败死。噶尔丹死后,他的侄子策妄阿拉布坦继任准噶尔部首领,在他统治期间,准噶尔的实力逐渐恢复,对西域的统治得到加强,准噶尔部与清朝因争夺哈密关系再度恶化。雍正五年(1727),策妄阿拉布坦死后,其子噶尔丹策零继位。准噶尔与清朝之间的关系更加紧张。雍正七年（1729）年，清朝派大军屯驻科布多、巴里坤，为深入西域作准备。名将岳钟琪就是在这种情况下来到西域的。

岳钟琪（1686—1754），字东美，号容斋，四川成都人，《清史稿》卷二九六有传。岳钟琪行伍出身，康熙五十五年（1716），准噶尔部进据西藏，康熙五十九年（1720），皇十四子胤禵督军入藏，岳钟琪作为清军前锋，轻装急进，直抵拉萨，大败准噶尔军，以功授四川提督。雍正元年（1723），青海和硕特部首领罗布藏丹津叛，岳钟琪拜奋威将军，随抚远大将军年羹尧进剿。雍正三年（1725），任川陕总督。

由于岳钟琪在"曾静案"中表现出对清廷的忠心。翌年，拜宁远大将军，在巴里坤"筑东西二城，备储胥，简卒伍，为深入计"。初入西域，岳大将军在北天山脚下踌躇满志地赋诗《天山》："偶立崇椒望，天山中外分。玉门千里月，盐泽一川云。峭壁遗唐篆，残碑纪汉军。未穷临眺意，大雪积征裙。"

岳钟琪能征惯战，此前曾在西藏雪域打败过准噶尔军，这次出镇巴里坤他充满着必胜的信心。诗中所谓汉碑，指的是东汉敦煌太守裴岑击败匈奴所立纪功碑，唐篆则是唐代将军姜确讨伐高昌后所立纪功碑。岳钟琪此次出征，显然以两位古人的功业自许。但在噶尔丹策零时期，准噶尔部实力达

西出阳关

到鼎盛,清军难以占到上风。在西域的第二年,岳钟琪的调子就低了八度,如《军中杂咏二首》:

列灶沙关外,营门淡晚烟。月光斜照水,秋气远连山。归雁穿云去,慈乌带子还。征西诸将帅,转战又经年。

地在乾坤内,人居朔漠间。日寒川上草,松冷雪中山。铁骑嘶沙碛,金戈拥玉关。楼兰诚狡黠,不灭不生还。

针对清军兵分科布多、巴里坤两路的部署,噶尔丹策零采取不同策略应对,将主力用来对付北路清军,对南路的岳钟琪部则不断派兵袭扰加以牵制。这使岳钟琪相当被动。雍正十年(1732),准噶尔军三千余人进扰哈密,岳钟琪遣将乘夜追击,并令副将军石云倬火速行军截断敌军归路,石云倬延误一日,导致敌军逃逸。清廷以岳钟琪"智不能料敌于平时,勇不能歼敌于临事",将之免职,"出师未捷"的岳钟琪被调离巴里坤军营,临行前他写下《塞上登高答胡将军》:"数年绝塞乏萸囊,空忆东篱菊绽黄。天意只教人作客,秋风哪管鬓成霜。强从戎马酬佳节，况介星轺促帝乡。阃外烽烟何日靖，江湖廊庙两茫茫。"

一句"江湖廊庙两茫茫"，将岳钟琪失落的心情表露无遗。部将贻误战机，宁远大将军岳钟琪便落得如此下场，可见清廷对这位手握重兵的汉员着实有些神经过敏。此后岳钟琪又被弹劾"骄蹇不法"，使得雍正帝认为他误国负恩，差点将其斩首。一代名将岳钟琪在西域的四年时光，并没有赫赫战功可言，却几乎招致死罪，但四年的塞外生活，更丰富了岳钟琪的诗歌创作，这就是刘勰《文心雕龙》中所谓的"江山之助"吧。

乾隆年间曾任陕甘总督的黄廷桂在所作《岳威信公诗集序》中称："从前名将能诗者，如敕勒一歌，竞病二韵，皆寥寥数语，即世所传诵岳武穆词，亦不可多得。公独以专集传世，得若干首，盖因前后出境不一，又久历戎行，幕天席地，塞外险绝之途，可惊可喜，辄见于诗故耳。虽然公非诗人，且不必以诗显也。"所谓"敕勒一歌"即北齐斛律金所作《敕勒歌》，"竞病二韵"即南朝梁曹景宗所赋《华光殿侍宴赋竞病二韵》，"岳武穆词"即岳钟琪远祖岳飞的《满江红》，这些作品都是古代名将的千古绝唱，足见黄氏对岳钟琪诗歌评价之高。正因为岳钟琪"不必以诗显"，才能将诗写得更加质朴有力。

雍正朝与准噶尔部的战争持续了三年，互有胜负，双方均有厌战之意。雍正十一年（1733），噶尔丹策零请和，翌年，清廷派侍郎傅鼐、学士阿克敦赴伊犁议和。副使阿克敦一路上留下不少诗篇。

阿克敦（1685—1756），字仲和，满族正蓝旗章佳氏。雍正九年（1731），阿克敦以内阁额外学士衔协办军务，从抚远大将军马尔赛征讨准噶尔。雍正十二年（1734），为副使，随正使傅鼐出使准噶尔，与准噶尔就喀尔喀牧界问题进行协商。乾隆三年（1738），阿克敦以工部侍郎充正使再赴准噶尔，并与之达成和议。

阿克敦"学问优"，在满人中颇为杰出。所作诗文由其子阿桂辑为《德荫堂集》，卷八之《随征集》中有《奉使西域集》，载诗二十余首，大部分为第一次出使时所作。

阿克敦在第一次衔命离京时所作的《八月九日出都示阿桂即用原韵》宣示了自己此行的态度："丈夫思报国，策马出神京。非务通西域，须知重远行。好生安物类，裕本息边情。嘱尔勿遥望，三春归路平。"

阿克敦进入西域的第一站是哈密，他写有纪行诗《哈密》："蕞尔伊吾地，西通路正赊。衣冠别蒙古，城市类中华。

绿洲

引水能知稼，分畦善种瓜。圣朝深护惜，村落有人家。"

自古以来，天山就是农耕文明和游牧文明的分界线，哈密地处北天山南麓的盆地中，农业较为发达。阿克敦以好奇的眼光打量着这块塞外土地，没想到这里的景物竟然与中原无异。

还有《阔石图岭》："绵亘几千里，东西一千长。岭分寒燠候，书隔雁鱼群。万里行沙碛，三秋肃雪霜。王师新奏捷，不日靖岩疆。"

阔石图即蒙古语碑之意，此岭在哈密之北，岭上有唐代姜确征高昌所立纪功碑。山高路远，虽然走得辛苦，但是路上却传来清军打胜仗的消息，这无疑为使团的谈判增加了筹码，阿克敦由衷感到高兴。

经过严正交涉,和谈大体取得成功,阿克敦一行完成使命,踏上归程。在回程路过乌鲁木齐时,阿克敦作有《宿乌鲁木齐》,这是历史上第一首写到乌鲁木齐的诗作:"吐蕃界北有空城,西距阳关第六程。雪满荒芜连野阔,春回林木带流清。戍兵自古需屯策,柔远于今识虏情。欲向轮台寻旧址,万山高耸一峰明。"此诗中的阳关乃是"阳巴勒噶逊",而非本书其他地方所述的敦煌阳关。乌鲁木齐作为唐代轮台古城所在地,历来是战略要地。后来清兵平定西域,兴建乌鲁木齐城,不知与阿克敦一行此番的实地考察有没有联系。

阿克敦两次赴准噶尔部议和,他的儿子阿桂也与西域有着不解之缘。阿桂(1717—1797),字广廷,号云岩,满族正蓝旗章佳氏。乾隆二十四年(1759),从定边左副将军富德追击大小和卓叛军。后曾为伊犁将军,官至武英殿大学士兼军机大臣。

晚清徐世昌所编《晚晴簃诗汇》载有阿桂的诗作《伊犁军营》:"欲扫妖氛净,岩疆战未休。人犹争马革,天已厌旄头。刁斗三更月,关山万里愁。渠魁何日灭,非直为封侯。"

阿克敦西出阳关的时代,正值准噶尔部强盛,清朝采取的策略只能是"柔远",到了阿桂的时代,准噶尔部行将没

第四章 弓刀闲挂只春耕

落，所以他的诗中更多的是犁庭扫穴式的战斗情怀。阿桂是乾隆朝的名将，一生屡次统领大军，定伊犁、讨缅甸、平大小金川，战功赫赫，为乾隆帝"十全武功"出力甚多。且其人立朝正直，任领班军机大臣时耻与佞臣和珅同列。

经过康熙、雍正两朝数十年的艰难经营，到了乾隆时期，清廷终于平定了准噶尔部的叛乱。乾隆十年（1745），噶尔丹策零死去，准噶尔部发生内乱，逐渐衰落。乾隆十九年（1754），辉特部台吉阿睦尔撒纳在权力斗争中失败，投奔清廷，被清廷封为亲王。乾隆二十年（1755），清军兵分两路征讨准噶尔部，其中阿睦尔撒纳以副将军充当北路先锋。清军仅用两个月的时间就平定了准噶尔部。但阿睦尔撒纳一直怀有"专制西域"的野心，他煽动部众，举兵反叛。乾隆二十一年（1756），清廷再次出兵进剿。翌年，阿睦尔撒纳败逃，准噶尔部被彻底平定。

阿睦尔撒纳之乱平定后，又有所谓的大小和卓木叛乱，大小和卓木就是伊斯兰教白山派首领博罗尼都、霍集占兄弟，他们在天山南路建立了政教合一的割据政权。乾隆二十三年（1758），清廷发兵征讨。翌年，大小和卓木败亡，天山南北正式统一。

在平定大小和卓木之乱的过程中，黑水营之战是最为扣人心弦的一幕。乾隆二十三年（1758）十月，清军将领兆惠率兵四千进攻叶尔羌（今新疆莎车），虽三战三胜，但兵少不能攻城，于城东黑水河畔结营，固守待援。霍集占纠集叛军万余围攻清军。翌年年初，富德、阿里衮两部援军先后赶到，清军里应外合，取得决定性的胜利。诗人国柱当时就在富德军中。

国柱（？—1767），字天峰，满族镶黄旗博尔济吉特氏。乾隆二十年（1755）随征准噶尔，有所建功。乾隆二十三年（1758）参与平定大小和卓木之乱，乾隆二十六年（1761）被委派到伊犁筑城。国柱一生戎马倥偬，其军事生涯中有相当长的时间是在西域度过的。他参与了乾隆二十年（1755）征讨准噶尔部达瓦齐的战斗，写下《伊犁》："万里穷荒地，孤城渤海间。举头唯见日，过此更无关。朔气横伊水，阴风带雪山。犁庭边事定，壮士唱刀环。"

国柱与伊犁有着不解之缘，清朝统一西域后，设总统伊犁等处将军，先后在伊犁河谷修筑惠远城等"伊犁九城"，国柱参与了这次建设。

在征讨大小和卓木的过程中，国柱参与救援黑水营，在赴援的路上，留下了不少诗作，如《奉调应援偶成》："抛留农具赴戎机，只为元戎再受围。军食备支三月饷，行装剩取一身衣。王尊叱驭心同壮，列子乘风志所稀。虎奋鹰扬期万里，雷鸣鼍鼓促旌旗。""抛留农具赴戎机"，指的是屯戍士兵由耕转战，这些士卒轻装上阵、粮饷充足，对战争的胜利充满信心。

又如作于行军途中的《驻小阳河匝尔作》："千林落木镇萧骚，万里秋原肃旌旆。望月有怀弹豹弁，缀衣无线绩驼毛。双鱼梦冷书全隔，四海囊空气更豪。闻说前军犹较战，一挥何日奋铅刀。"秋高马肥，是作战的好时机。戍守的将士已经完成秋收，士气旺盛，渴望早日投入战斗，解救友军，消灭敌人。诗人继续往西，作有《伊尔哈里克遣兴》："寒原寂寂水重重，不尽浮云天地中。露冷冥鸿飞夜月，山空野鼠啸秋蓬。情因有我还成感，事到无心始见功。错节盘根分利器，肯教贻笑古英雄。"

清军将士，万里从戎，相信很多人，尤其是能文之士，都怀揣着比肩那些立功西域的古代英雄的梦想。国柱就是其中之一。接下来是《哈拉玉噜衮偶成》："飘零万类感萧辰，阳气潜藏郁不伸。野马亦知愁落日，河冰渐可任行人。环村寂历山容古，刺眼纵横虎迹新。奔走年来成故事，喜看烽火靖边尘。"

这首诗同样以肃杀的景象烘托战争气氛，从"河冰渐

西域荒原

可任行人"得知行军途中冬意越来越深。而"刺眼纵横虎迹新",说明在当时西域尚有较多新疆虎的活动。直到1900年,瑞典探险家斯文·赫定还在塔里木盆地南缘看到过新疆虎。但随着人类活动的增加,大片森林被砍伐,新疆虎失去了赖以生存的家园,1916年之后再也没有人发现这种动物的踪迹了。

随着时间的推移,援军距离战场越来越近,求战的心情也越来越迫切,如《洹玛拉克》:"滩石崎岖蹙马蹄,酸风楚雨晚凄凄。充途荆棘钩衣破,蔽野林柯拂帽低。雪崿千重森剑戟,河声一片吼鲸鲵。鹰扬虎奋争先后,笑煞莺燕自在啼。"

国柱的这一组诗作将行军路上环境的恶劣和赴援将士高昂的士气相反相成地表现出来,洋溢着爱国的激情,充满了必胜的信心。在经过库车的时候,他还留下一首耐人寻味的小诗《库车偶成》:"野渚烟消废垒空,闲园荒草泣秋蛩。凭高直望行人少,一片寒山万马风。"天山南路自古就是灌溉农业区,天山融雪滋润着山麓的绿洲,库车是古龟兹之地,历来是西域的繁华都会,却因为大小和卓木的分裂主义行径,变成"行人少"的一片"废垒"和"闲园",不能不让国柱痛心疾首,他发誓戮力杀敌,早日"烽火靖边尘"。

在西域征战、镇戍十数年之后,国柱被调往内地任马兰镇总兵(驻地在今山西古交),在离开西域的路上,国柱恋恋不舍地回首这块热土,留下了两首情韵俱佳的小诗,一首为《吗呐寺道中》:"绝域长征几岁周,归鞭遥指海西头。双旌却入阳关道,快数平生万里游。"另一首为《回眺阿尔台》:"归去营团解战裙,穹庐小坐曝晴曛。回头却望经行处,一片寒山簇冷云。"西出阳关的道路是艰苦的,大碛、流沙、狂风、苦水,但是在西域各地领略了奇异风光之后,人们又都会觉得西行是非常值得的,国柱的"快数平生万里游"代表的是绝大多数亲历西域的诗人踏上阳关归途时的心情。而所谓

"双旌",本指唐代节度使出行时的仪仗,国柱立功西域,此次入关,晋升从二品的总兵,难怪他有点"春风得意马蹄疾"的兴奋。

自康熙二十九年(1690)康熙帝首次御驾亲征噶尔丹,到乾隆二十四年(1759),清军击溃大小和卓木叛军,经过康熙、雍正、乾隆三朝前后七十年的经营,清朝终于在西域确立了统治。因为是"故土新归",此后文献开始出现"新疆"的称谓。大战之后,百废待兴,清朝设立伊犁将军统辖全疆,在筑城设卡,大力推进边防建设的同时,还组织兵民屯垦,以促进边疆经济的发展。满人国梁的西出阳关就带有支援边疆建设的意味。

国梁(1716—1788),字隆吉,一字丹中,号笠民,满族正黄旗哈达纳喇氏。乾隆三十年(1765),国梁听说乌鲁木齐同知任期已满,自愿西出阳关接任,得到许可后,遣送家人回京,只身赴任西域三年。国梁于乾隆四十五年(1780)自编诗作十二卷,然未付梓。嘉庆九年(1804),铁保编《熙朝雅颂集》,收录国梁诗四十六首。嘉庆十四年(1809),国梁之孙玉麟在安徽学政任上辑国梁诗为《澄悦堂诗集》十四卷刊行,其卷五《玉塞集》、卷六《轮台集》为奉调乌鲁木齐之后所作。国梁的小诗《郊外》,写的是初入西域的感受:"雪底莎青雪消见，枝间叶茁枝肥添。春风早度玉关外，始悟旗亭唱者非。"

所谓"旗亭"，用的是唐代诗人旗亭画壁的典故，说的是王之涣的"羌笛何须怨杨柳，春风不度玉门关"。国梁出关，见到的是春雪消融、草木欣欣的景象，他"终于明白"那些唐人诗句都是骗人的。

国梁担任乌鲁木齐同知，作为乌鲁木齐都统的副贰之职，他主要掌管抚安百姓。职责所在，国梁经常巡视境内，如《八月二十九日夜之宁边晦夜却回》写的就是连夜巡行的情况："卧闻河水涨秋滩，车铎声中夜色阑。归路不愁明月尽，照人野烧落霞残。"巡视的马车，趁着秋收后农人焚烧秸秆的火光徐徐前进，耳畔传来的只有车头铎铃的清脆声音，以及路边小河的水流声。这是诗思最清的时候，因此诗人丝毫没有感到夜巡的辛苦。年过五十的国梁还经常骑马巡行，大概是要经过的地方没有平坦大路可走，骑马更具机动性。如《胜金口道中》："蹄没红砂马力微，荻花如雪未风飞。中间一道西流水，谁遣常年送落晖。"长时间奔驰使得人困马乏，但暗红的砂砾、雪白的荻花、路边的流水映照着晚霞，如画的美景让国梁诗兴大发。再如《宁边城东六工坐民家》："东来无树不梅花，女字樛枝疏影斜。马踏寒林渡溪去，茅茨人出扫檐芽。"

　　这是在苦寒的冬日骑马巡行，大概是天气实在太冷不宜长时间骑行，国梁找到一户居民小坐休憩，但没坐多久就"马踏寒林渡溪去"，可见他确实勤于王事。国梁的诗写得并不出众，但他却是清代第一位自愿西出阳关的诗人。他的西出阳关，除了以身报国的因素，我们认为他可能与岑参一样有着"好奇"的情怀，他慷慨出关，似乎也是为了饱览西域的大好河山。

　　国梁陶醉于乌鲁木齐的迷人风光，于乾隆三十一年（1766）作组诗《遂成二十首》，分别咏深树鸣禽、青木烟雨、平畴麦浪、春水浮花、五桥清听、东皋野月、柽湄晓月、芦塘飞雪、清鉴荷香、秋河时涨、云峰幻态、南屏落照、万壑松涛、榆岗媒雉、风溪奏雅、温泉香曲、层岩积玉、翠岫归云、山原新霁、日夕回牧。次年，他又咏成《轮台八景》，即圣山雷雨、虎峰水树、七岭锁云、两池酿玉、暖泉漾碧、大冶霏青、西亭花坞、北湾畦稻。国梁所歌咏的这些景致，有许多至今仍吸引各地游人前往新疆。

　　阿克敦、阿桂父子与国柱、国梁均为八旗子弟，他们的西出阳关皆与清朝平定天山南北这一历史巨变有一定关联，这些满族人在平定西域过程中做出了重要贡献，他们的诗作充满了时代精神,反映了各族人民渴望统一和稳定的共同愿望,为原本多彩的茫茫西域增添了一种特别的光彩。

清代疆域辽阔,东北、漠北、西域、西藏均被纳入版图。境内民族众多,在文学上也是异彩纷呈。不仅满人当中涌现出许多著名文学家,蒙古族文学也迎来了元代之后的再度辉煌。尹湛纳希、哈斯宝等均在文学上做出巨大贡献,像惠龄这样的蒙古族将领"横槊赋诗",所作也颇为可观。

惠龄(?—1804),字椿亭,蒙古正白旗萨尔图克氏。乾隆四十二年(1777),以副都统授伊犁领队大臣,后为暂代喀喇沙尔办事大臣,塔尔巴哈台参赞大臣等。官至陕甘总督。袁枚《随园诗话》载惠龄诗七首,其中有两首西域诗。

第一首是《过哈密》:

> 西扼雄关第一区,鞭丝遥指认伊吾。当年雁碛劳戎马,此日人烟入版图。路向车师云黯淡,天连吐谷雪模糊。寒威阵阵催征骑,不问村醪尚有无。

文人出关,关心的多是汉唐碑碣,而武将惠龄眼中的西域河山则充满了军事意味。

另一首《果子沟》较有情韵:

山势嶙峋水势西,过河百里属伊犁。断桥积雪迷人迹,古涧堆冰碍马蹄。驿骑送迎多旧雨,征衫检查半春泥。数间板阁风灯里,犹有闲情倚醉题。

能够"横槊赋诗"的还有曾担任西域最高军政长官伊犁将军的满族将领奎林。

奎林(1738—1792),字钟山、直方,一字瑶圃,号竹溪,满族镶黄旗富察氏,曾从阿桂征金川。乾隆四十五年(1780),任乌鲁木齐都统。乾隆五十年(1785),任伊犁将军。奎林出身名门,他是李荣保之孙,其姑母就是乾隆帝的孝贤纯皇后。

乾隆帝和孝贤皇后感情甚笃,对富察氏家族也非常照顾,但乾隆帝乃是一代英主,他对富察氏子弟的特别照顾是重用他们统兵打仗,而不是任其养尊处优、作威作福。奎林一生戎马倥偬,转战西北和西南边疆。其诗作《自伊犁驰赴金川军营遥别素村》写道:

万里遥相别,天涯更远行。百年殊梦幻,一剑是平生。熟惯从军乐,浑忘儿女情。无劳念游子,身世久风旌。

写这首诗时奎林才三十出头,但他已经是一名老于军旅的将领了。后来,他担任伊犁将军,官位不可谓不高,但是相对于其显赫的家世和兄弟辈的少年得志,他仍然感到有一些失落,如《闻蛩》:"殊方冷暖候难同,入夜虫吟初夏中。孤客莫愁秋意早,玉关原自阻春风。"

像奎林这种自小锦衣玉食的贵戚子弟,受家庭环境的影响,难免存在南齐王融那种"三十内便望为公辅"的念头。其堂弟福康安在三十岁时已经封侯,奎林远在西域,升迁没有福康安神速,所以有点"春风不度玉门关"的惆怅。

乾隆后期,在镇戍西域的满族官员之中,也有一些能诗之士,如毓奇、福庆等。其中毓奇没有"生入玉门关"。

毓奇(1735—1791),字钟山,号竹溪。满族镶黄旗钮钴禄氏。毓奇自幼失怙,家贫力学。乾隆二十三年(1758),考补内阁中书,累官至漕运总督。乾隆五十四年(1789),以头等侍卫充乌什办事大臣,翌年迁喀什噶尔协办大臣。卒于喀什噶尔。著有《静怡轩诗钞》,其中收西域诗三十九首。

在毓奇担任喀什噶尔协办大臣时,明亮以伊犁参赞大臣的身份驻守喀什噶尔,二人同僚关系融洽,颇多唱和之作。

如毓奇作有《余与寅斋将军同居公署，后圃复与西园相通，朝暮往来，不分主客，因赋自遣一律兼呈索和》："两家相隔一疏篱，来往无须预卜期。日色到山吟兴剧，月明如水醉归迟。池边共坐观鱼跃，花下携行悦鸟嬉。从此赏心多乐事，芒鞋竹杖愿追随。"可见，毓奇和明亮非常投契，且当时边境稳定，公事较少，二人诗酒流连，颇多文人雅趣。既然毓奇索和，想必明亮也有诗，惜今已不传。

毓奇在巡行途中的另外一些诗描写了当时边疆各族人民和谐发展的景象，如《至英吉沙尔即事述怀》："击鼓吹铙迓客途，殷勤殊礼竞欢呼。九重威德颁荒僻，万里农桑入版图。自愧菲勤重镇，天怜清寂惠家书。山城近日多宁谧，敢效偷安慢虎符？"

毓奇本是朝廷大员，因在漕运总督任上失察漕船夹带私货降职戍守边关，他非常怀念家中的亲人，如《春夜独坐》："送春无奈意迟迟，戍鼓冬冬夜静时。半院花阴香暗透，一痕帘影月微窥。乍回清梦依稀记，拟到家书辗转疑。独坐凝神观自在，海东初日到重帷。"单看诗的前半部分，不过是普通的春夜景象，但是后半段出现了午夜梦回的片断，他的思绪被万里之外的家园牵动。可悲的是，毓奇在喀什噶尔暴病身亡，再也无法回到他魂牵梦萦的故乡。

罗布人村落

福庆（？—1819），字仲余，号兰泉，满族镶黄旗钮钴禄氏，笔帖式出身，嘉庆、乾隆之际曾任职于镇迪道（驻迪化州，在今乌鲁木齐）。福庆写下《异域竹枝词》百首，描绘新疆的风土人情，每一首诗下都有详细的小注。

竹枝词原为巴蜀民歌，经唐代大诗人刘禹锡之手完成文人化。每首七言四句，语言通俗优美，深受历代诗人喜爱。采用竹枝词的形式写西域，福庆有首创之功。他的《异域竹枝词》为我们描绘出了一幅西域风情画卷，如《罗布人》："不耕不收自全天，缉毳为衣藉翼眠。多事讽经兼礼拜，食鱼原已绝荤膻。"

罗布泊古称"泑泽"、"盐泽"、"蒲昌海"，是塔里木河的尾闾，也是一个沙漠中的"游移湖"。罗布人是楼兰古国遗民的后裔,他们擅长捕鱼,逐罗布泊湖水而居,生活简朴,信仰虔诚。但是随着塔里木河沿岸人口的增加,下游河道干涸,今天罗布泊早已干涸,变成了一片生命的禁区。两百年后,再来读福庆的诗句,让人不能不为这个曾经"广袤三百里"的大湖深深叹息。

再如《库车》:"独怜小雨偶菲薇,灌溉全资泉水肥。桃杏花开春腕晚,渭干河上唱歌归。"

库车绿洲位于天山南麓中段,受天山融雪的滋润,自古就是农业发达地区。渭干河是库车的母亲河,也是塔里木河的重要支流。同样令人惋惜的是,今天的渭干河已经没有一滴水流入塔里木河了。

第二节　塞垣此地擅繁华

我国古代社会，有"五刑"之说。最初五刑是"墨、劓、剕、宫、大辟"，隋唐以后，演变为"笞、杖、徒、流、死"，其中"流"就是流放，让犯有重罪的犯人到边远地区效力自赎。清初主要流放地为东北，此外还有漠北及岭南、云贵。乾隆统一西域后，这里也成为流放犯人的重要地区，尤其是乌鲁木齐和伊犁两地。一般来说，罪名较轻者遣戍乌鲁木齐，罪名较重者遣戍伊犁。在早期流放西域的犯人当中，最著名的当属纪昀。

纪昀像

纪昀（1724—1805），字晓岚，又字春帆，晚号石云、观弈道人，直隶献县（今属河北）人。乾隆三十三年（1768），两淮盐政亏空公帑案发，纪昀的姻亲卢见曾久任两淮盐运使，虽已告老还乡，仍将查抄家产。纪昀将这一消息告知卢见曾之子卢谟。事后，纪昀以漏言夺职，遣戍乌鲁木齐。于该年年底抵达戍所，乾隆三十六年（1771）获释还京。纪昀晚年创作《阅微草堂笔记》二十四卷，其中于乌鲁木齐期间搜集的传闻近百条。其诗作有《纪文达公遗集》十六卷，其中卷一四为《乌鲁木齐杂诗》一百六十首。

纪昀的《乌鲁木齐杂诗》就像一部当时乌鲁木齐的百科全书，包括《风土二十三首》《典制十首》《民俗三十八首》《物产六十七首》《游览十七首》《神异五首》，而且不少诗下还有详细的注释，一百六十首诗像一幅乌鲁木齐的《清明上河图》，将该地城乡生活的全景展现在读者的眼前，是研究乌鲁木齐早期发展历史的重要史料。而且纪昀学识渊博，诗笔清丽，这组诗的可读性很强。

试读《风土二十三首》中的部分诗作，一股塞外江南的气息扑面而来：

山田龙口引泉浇，泉水唯凭积雪消。头白农夫年八十，不知春雨长禾苗。

　　半城高阜半城低，城内清泉尽向西。金井银床无用处，随心引取到花畦。

　　秋禾春麦陇相连，绿到晶河路几千。三十四屯如绣错，何劳转粟上青天。

在茫茫西域，"良田易得水难求"，而乌鲁木齐的建立基础，是天山融雪滋润的肥沃绿洲。有了水源，才有耕地；有了耕地，才有定居生活和繁华都市。自古以来，天山山麓就是农耕的地方，这也让西出阳关的诗人"作客他乡"的情怀减轻了许多。纪昀在乌鲁木齐虽是遣戍身份，但受到乌鲁木齐办事大臣的信任，担任印务章京，他曾提出一些兴修水利工程的建议，对于乌鲁木齐的生产发展相当关心。

《典制十首》写的是西域屯戍的体制建设，其中佳作如：

　　藁砧不拟赋刀环，岁岁携家出玉关。海燕双栖春梦稳，何人重唱望夫山。

　　烽燧全消大漠清，弓刀闲挂只春耕。瓜期五载如弹指，谁怯轮台万里行。

清代士兵屯戍西域，允许携眷，这不能不说是一大善政。今天伊犁哈萨克自治州的察布查尔锡伯自治县的锡伯族人，就是18世纪中叶来自东北的锡伯携眷兵的后裔。"烽燧全消大漠清，弓刀闲挂只春耕"的和平环境为农业生产营造了良好的条件，西域以其广阔的怀抱迎接来自内地以及漠北的移民，使得天山南北成为各民族和谐共处、携手发展的"塞外江南"。

《民俗三十八首》中的一些诗作写得颇有情趣：

客作登场打麦劳，左携饼饵右松醪。雇钱斗价烦筹计，一笑山丹蔡掾曹（打麦必需客作，客作太多，则麦价不能偿工价。印房蔡掾种麦，估值三十金，客作乃需三十五金，彷徨无策。余曰不如以五金遣之，省此一事，客为绝倒）。

到处歌楼到处花，塞垣此地擅繁华。军邮岁岁飞官牒，只为游人不忆家（商民流寓，往往不归，询之，则曰此地红花。红花者，土语繁华也）。

鸡栅牛栏映草庐，人家各逐水田居。豆棚闲话如相过，曲港平桥半里余（人居各逐所种之田，零星棋布，虽近邻亦相距半里许）。

第四章 弓刀闲挂只春耕

割尽黄云五月初，喧阗满市拥柴车。谁知十斛新收麦，才换青蚨两贯余（天下粮价之贱，无逾乌鲁木齐者，每车载市斛二石五斗，价止一金，而一金又止折制钱七百文，故载麦盈车，不能得钱三贯。其昌吉特纳格尔诸处，市斛一石，仅索银七钱，尚往往不售）。

山城是处有弦歌，锦帐牙签市上多。为报当年郑渔仲，儒书今过斡难河（郑樵《七音略》谓："孔氏之书，不能过斡难河一步。"初，塞外无鬻书之肆，间有传奇小说，皆西商杂他货偶贩，至自建学额以后，遂有专鬻书籍者）。

芹香新染子衿青，处处多开问字亭。玉帐人闲金柝静，衙官部曲亦横经（迪化、宁边、景化、阜康四城，旧置书院四处。自建设学额以来，各屯多开乡塾，营伍亦建义学二处，教兵之子弟，弦歌相闻，俨然中土）。

"雇钱斗价烦筹计，一笑山丹蔡掾曹"这首小诗，一直被研究乌鲁木齐初期历史者津津乐道，小麦收获的成本竟然高于其市场价值，与其后的"谁知十斛新收麦，才换青蚨两贯余"相映成趣，足见当时乌鲁木齐农业生产之发达。而"豆棚闲话如相过,曲港平桥半里余"的记载,则反映出西域地广人稀,发展潜力非常之大。"到处歌楼到处花,塞垣此地擅繁华"的乌鲁木齐经过各族人民的共同努力,已经发展成为西域的大都会,隐隐有取代伊犁成为全疆中心之势。管子曰:"仓廪实而知礼节,衣食足而知荣辱。"新疆如此富庶,文化教育事业也随之兴起。当年郑樵所谓"孔氏之书,不能过斡难河一步"的偏见,已经被铁的事实打破,乌鲁木齐"弦歌相闻,俨然中土",这其中既有本地人尊师重道的因素,也离不开西出阳关的文人雅士的影响。

西出阳关的迁客骚人往往会对新疆的土产留下深刻的印象,因为高山大漠的影响,西域有着与中原截然不同的气候,且内部差异性很大。这样的环境孕育出许多与中原面貌迥异的物产,在纪昀之前,许多西出阳关的诗人都曾在西域留下咏物诗,描写这块土地上特有的动植物,而《乌鲁木齐杂诗》中的《物产六十七首》可以说是集大成之作。聊举咏梭梭木的一首以见一斑:

梭梭滩上望亭亭,铁干铜柯一片青。至竟难将松柏友,无根多半似浮萍(梭梭柴至坚,作炭可经夜不熄,然其根入土最浅,故斧之难入,拽之则仆)。

梭梭林

　　大漠上的植物活着的时候是绿色的路标，是生命的希望，死去之后仍然是非常实用且便于利用的资源，确实值得诗人的咏歌。

　　游山玩水、听歌赏戏是文人雅士分内的事情。纪昀西出阳关，本以为对于自己来说，这些文化生活就无福消受了，没想到乌鲁木齐的城市生活较之京师并不逊色多少，《乌鲁木齐杂诗》中的《游览十七首》将乌鲁木齐好玩的地方一一列出，诸如：

　　　　秀野亭西绿树窝，杖藜携酒晚春多。谯楼鼓动栖鸦睡，尚有游人踏月歌（城西茂林无际，土人名曰树窝。坤同知因建秀野亭。二三月后，游人载酒不绝）。

玉笛银筝夜不休，城南城北酒家楼。春明门外梨园部，风景依稀忆旧游（酒楼数处，日日演剧，数钱买座，略似京师）。

经过纪昀的题诗，"秀野亭"成为乌鲁木齐西郊的名胜，到了清末，西出阳关的后来者还在秀野亭的遗址前寻找"纪文达公"的行踪。

《神异五首》记述了一些当时人们无法解释的怪事，如人们在昌吉筑城时于地下挖出一罐面粉——诗人认为其地距离中原万里之遥，不解这些地下储粮从何而来。其实，天山脚下早在汉唐就有农耕活动，有点窖藏之粮又何足为奇？

《乌鲁木齐杂诗》中凝聚着纪昀在新疆的珍贵记忆，他用三年亲身经历换来的这一百六十首诗揭开了西域的面纱，使得在他之后西出阳关的诗人不再将西域视为畏途，因为纪昀的诗写得很有说服力，这里已经成为一个足以使"游人不忆家"的繁华所在了。

纪昀的姻亲、曾经担任两淮盐运使的卢见曾乃是清初诗坛宗匠王士禛（王渔洋）的弟子，也是一位风雅之士，在扬州曾筹措资金疏浚河池，修建红桥二十四景。乾隆二十二年（1757）春，卢见曾主持了清代文学史上有名的"红桥修禊"唱和活动,厉鹗、郑燮、惠栋等名士皆为座上客。乾隆三十三年(1768),两淮盐税案事发,早已告老还乡的卢见曾也牵连其中。纪昀因走漏消息获罪,同样获罪的还有卢见曾的弟子徐步云。

徐步云(1733—1824),字蒸远,号礼华,江苏兴化人。两淮盐运使卢见曾盐税案发,徐步云派人送信,以走漏消息流放伊犁。有《糵余诗稿》四卷。另有组诗《新疆纪胜》三十六首。

徐步云和纪昀获罪原因相同,纪昀发配乌鲁木齐,徐步云却是更远的伊犁。但徐步云年未四十,并没有将伊犁视为畏途,在他看来这是一次难得的机会,可以尽情领略那些过去只有在书中才能见到的壮美风景,试读其《壮游》:"神禹功成贡九州,流沙西去未全收。瑶池漫说周王宴,宛马空烦汉使求。雪岭云开低华岳,玉河秋涨小沧洲。得知圣代车书远,万里伊犁是壮游。"

潘岳《〈秋兴赋〉序》有云:"余春秋三十有二,始见二毛。"能白了少年头的,除了光阴,还有忧愁。徐步云春秋正富,虽然他的诗句一副诗情酒胆的豪迈,但鬓边的丝丝白发已经告诉了我们,他的内心深处潜藏着忧愁。好在纪昀释还后不久,他也被释还,回到京师还有幸参与了《四库全书》

的纂修。

就在纪昀、徐步云还留在西域戍地的时候,又一位诗人踏上阳关古道,不过他并不是"以罪获遣",而是"因公出差",他就是毕沅。

毕沅(1730—1797),字秋帆,又字纕蘅,号弇山,自号灵岩山人,江苏太仓人。乾隆三十五年(1770),从陕甘总督明山出关勘查西域屯田情况。毕沅为金石学名家,西出阳关对他来说,成了一个非常难得的田野调查的机会,他在巴里坤先后见到裴岑纪功碑和姜确纪功碑,制成拓片带回兰州,并在西域留下了《观东汉永和二年裴岑纪功碑五首》和《访唐侯君集纪功碑》这样的叙事诗。毕沅每到一地,首先想到的就是寻访金石遗迹,如五律《吐鲁番》:

古郡传唐代,寻碑访旧城。花门瓜作饭,屯地马能耕。首蓿经霜翠,葡萄入市盈。初冬偏觉暖,应有火州名。

毕沅为清代学者型官员的代表,学养深厚,他的作品对仗工稳,语有来处,让人读了很容易联想到一些边塞诗的名作。然而,这也正是他的短处,王国维所云"欲为诗人,则又苦感情寡而理性多",对毕沅来说是再恰当不过。"熟读唐诗三百首,不会作诗也会吟",状元郎毕沅腹笥丰赡,遣词用字信手拈来,但是缺少自己的感情,往往落入前人的窠臼。试看其《杂诗六首》(其三):

> 弢戈解甲表升平,西域风尘万里清。大漠近开都护府,遐荒久设受降城。何劳戍部边防警,渐有丁男出塞耕。闻说进来诸属国,喜谈文章怕谈兵。

该诗描写西域"故土重归"后得到有效管理,各族百姓安居乐业的情景,对于我们认识当时的历史具有参考价值,但其中看不到诗人自己的影子,因此诗味不免淡薄。

文字狱在有清一代数量和规模均前所未有。其中,乾隆朝尤甚。乾隆帝自称"十全武功",又是位"翰林天子",保持着历代诗作数量第一的纪录(乾隆传世诗作四万一千多首,在历代诗人中遥遥领先)。皇帝精通诗文,追究起文字狱来自然得心应手。乾隆四十五年(1780)的《芥圃诗钞》一案就莫名其妙地将蒋业晋和曹麟开送到了西域。

事情的经过是这样的,江南宿松县监生徐光济因田产纠纷,控告湖北黄梅县监生石卓槐,称其所著《芥圃诗钞》有悖逆内容。石卓槐被凌迟处死,家产籍没。《芥圃诗钞》中列名参订和序跋者数十人,多为石卓槐嫁名代作。其中蒋业晋、曹麟开被列名为校订人,因此受到牵连,被发往西域效力赎罪。

蒋业晋(1728—1804),字绍初,号立崖,江苏长洲(今苏州)人。乾隆四十六年(1782)在汉阳知县任上,流放乌鲁木齐,乾隆五十年(1786)释还。著有《立崖诗钞》七卷,其中卷四《出塞草》,就是作于西域期间。

蒋业晋因"嫁名鉴定"遣戍西域,受到乌鲁木齐地方官员的同情,他的文学才华也得到几任乌鲁木齐都统的认可。比如明亮和奎林,都比较照顾蒋业晋。蒋业晋和明亮多有唱和。《出塞草》中有不少诗篇都与明亮有关,如《九日随明将军阅库尔喀喇乌孙城》:"戊己新屯骠骑营,恰逢九日上孤城。重关不断黄云色,大漠长流黑水声。万里登高兼审势,三边从猎剧论兵。时平伏莽都消歇,岂学悲歌塞上行。"

蒋业晋有几首诗明确题为次明亮原韵所作,惜乎明亮原诗今已失传。其堂弟奎林诗名较著,有一首赠蒋业晋的绝句被收入《出塞草》中:"万里飘零诗一编,欲凭佳句破离天。重来笑我成何事,邂逅逢君是宿缘。"

蒋业晋期满释还,在归途中还深情回忆起乌鲁木齐的朋友们,如《中秋途次有怀庭州同事诸君》(其一):"边声寂静海光寒,鼓角城头听欲残。露白今宵人未寝,万峰秋雪月中看。"

曹麟开(生卒年不详),字黻我,号云澜,安徽贵池人。创作了大量反映西域情况的诗作,如《塞上竹枝词》三十首、《八景诗》八首,特别是《新疆纪事十六首》,写的是清政府统一天山南北的历程,具有史料价值。试读《新疆纪事十六首》之《叶尔羌》:"战苦曾闻黑水隅,浮梁径渡险逾泸。孤军深入重闻合,三月相持力不渝。末弩固难穿鲁缟,奇兵倏见拨蝥孤。虏头已得无多杀,半筑鲸鲵半献俘。"这首诗记录的就是著名的"黑水营之战"。

与流放乌鲁木齐者相比,流放伊犁者往往所负罪名更重,所以他们要在茫茫西域走得更远。但是祸福相依,这些遣戍之客更加深入西域,沿途的奇异风光唤醒了他们的诗笔,也是不幸中的一件幸事。乾隆朝后期的庄肇奎、陈庭学、王大枢即是如此。

庄肇奎(1727—1798),字星堂,又字胥园。受李侍尧贪纵受贿案牵连,于乾隆四十六年(1781)发配伊犁,庄肇奎写有组诗《出嘉峪关纪行二十首》,从嘉峪关到伊犁,五千里路、二十首诗,可以说是诗歌抚慰了诗人庄肇奎去国怀乡的失落情绪。第二十首记录的是抵达伊犁之后的心情:"到来仍

魔鬼城，为风蚀地貌，位于新疆准噶尔盆地西北边缘佳木河下游乌尔禾矿区

不卸征袍，阃外干城气象豪。梦笔抛残空倚马，吟腰瘦尽乍悬刀。青蝇遽集休相问，白首低垂懒去搔。永夜角声寒不寐，透帘新月又初高。"庄肇奎五十多岁才在仕途上，刚有点起色，就遭到牵连丢官，心中自然有些不平，但在茫茫西域面前，这些得失都变小了。年过五旬的诗人有时也会"老夫聊发少年狂"，如《得剑一首》："剑从天外得，老向客边雄。柄玉雕纹素，锋斑饮血红。居然不羁士，一笑可怜虫。醉舞穹

庐月,长鸣欲跃空。"

陈庭学(1739—1803),字景鱼,号莼浃,晚号莲东逸叟。乾隆四十六年(1781),甘肃冒赈案发,陈庭学曾在甘肃做官,亦因之遣戍伊犁。乾隆五十二年(1787),补管粮主事,掌管惠宁城仓务。乾隆六十年(1795),释还。著有《塞垣吟草》四卷,附有《东归途咏》一卷。

甘肃冒赈案乃清代第一贪污大案,地方官员上下勾结,以赈济灾民的名义肆意侵吞公帑。乾隆帝下令彻底清查,一时间甘肃官场上下"洪洞县里无好人",连早已调任他处的陈庭学也不能幸免。不知陈庭学是否含冤负屈,但是对于流放伊犁,他却没有表现出太多牢骚不平,如《放怀》:"披裘觉重沍寒消,落拓形骸寄廓寥。野市买蔬开雪甲,戍楼看柳动春条。酒狂剑掣横飞电,笔渴诗来忽涌潮。碧宇周回浩无际,乡关非近塞非遥。"

陈庭学比较喜欢喝酒,为人慷慨豪迈,从这首诗来看,确实有一种"齐物论"的境界,然则西行万里,在他也就是一场"逍遥游"了。

不少西出阳关的诗人,都感谢"绝域"带给他们在诗境上的拓展。还有一些流放伊犁的诗人,对西域历史很感兴趣,写下一批咏史之作。

王大枢(1731—1816),字澹明,号白沙,又号天山渔者。乾隆五十三年(1788),以公事戍伊犁。嘉庆四年(1799),蒙赦释还。著有《西征录》七卷,《东旋草》一卷。另有《天山集》两卷。他的组诗《边关览古六十四咏并释文》吟咏古代西出阳关的人物及其在西域的功业,立意是好的,可惜这组诗写得相当晦涩,让人不忍卒读,兹不赘录。

除了自身有罪流放新疆之外,还有一些诗人是由于亲友的原因来到戍地的,如舒敏就是受其父伍拉纳贪腐案的株连而流放伊犁。

舒敏（1777—1803），字叔夜，号时亭，别号石舫，自称适斋居士，满族正红旗觉罗氏。舒敏之父伍拉纳曾任浙闽总督，他为政苛酷，被抄家时，查出白银四十万两，如意一百余柄，如此贪赃枉法之辈，可谓死有余辜。只是苦了年方弱冠的舒敏，从贵公子沦为天涯客，所有年轻人的美丽梦想都化作泡影，苍凉的身世之感只能通过诗句加以排遣，如《塞上杂感》："记得儿时未解愁，常思百万拥貔貅。壮心渐逐春冰化，绮岁惊同逝水流。投笔龙沙谁买赋，荷戈雁塞未封侯。丈夫衮敝羞弹铗，失路随人唤马牛。"

舒敏出身贵胄，自幼便有建功立业的远大志向，本来也有建功立业的便利条件，一旦其父案发，"覆巢之下无完卵"，舒敏只能"投笔""荷戈"，他的西出阳关不是像儿时想象的那样统军出征，而是流放边关。但舒敏傲骨犹在，他虽然落魄，却不愿看别人的眼色过活。

再如《芨芨草帘四首》（其四）："湘妃泣尽竹成斑，绿遍郊原不忍删。何地无才多泯没，可怜抛掷玉门关。"芨芨草耐旱，是塞外常见植物。经霜后茎颇坚韧，故可用来编织草帘。一方小小的芨芨草帘，却惹起了舒敏自怜的情绪，"何地无才多泯没，可怜抛掷玉门关"，便是年轻诗人不平的呐喊。

舒敏本是金枝玉叶,却沦落边关,自然愁肠百结。好在他在边城伊犁结识了一位忘年交,二人经常唱和,打发客中寂寞。这个人就是舒其绍。

舒其绍(1742—?),字衣堂,号春林,又号味禅。直隶任邱(今河北任丘)人。乾隆四十四年(1779)举人,曾官浙江长兴知县,嘉庆二年(1797),以事戍伊犁,在西域八年方归。著有《听雪集》,其中诗作全部作于西域。

舒其绍较舒敏年长三十五岁,其诗风颇为稳健,如《夏日郊外口占》:"不厌层冰路,炎云逐马前。草肥盘乳雁,树老断鸣蝉。古碛千年雪,中原一线天。营平勤远略,沙幕尽桑田。"

舒敏和舒其绍意气相投,如《长至日柬春林二首》(其一):"日日寻君话,高谈足起余。买邻金尽后,破睡烛销初。客久频倾酿,诗成径造庐。同来万里外,又见子云居。"从这首五律来看,舒敏和舒其绍比邻而居,过从甚密,几乎每天谈诗论文,这也就在阳关之外五千余里的伊犁形成了一个小小的诗坛。不过这样的局面并没有维持很久,舒敏先期释还,临行前,舒其绍赋诗以赠,舒敏写下《奉酬春林赠别八首》,第五首云:"寒山澹沱水澄空,车过霜林夹岸红。诗兴多因怀故国,离情强半付秋风。梦真转眼同蕉鹿,得失循环信塞翁。

第四章 弓刀闲挂只春耕

月窟星源回首处,雕盘雪岭戍烟中。"

江淹《别赋》云:"黯然销魂者,唯别而已矣。"离别本就是件让人惆怅的事情,何况是在萧瑟的深秋。舒敏经过三年的流放生活,为人深沉了许多,他已经能够将人世间的得失看得很淡。但是,对于曾经同患难的舒其绍的友情,他却难以割舍,在回去的路上肯定会不断回首。

第三节　书生眼孔一朝开

清朝康熙到乾隆年间，是著名的百年盛世。不过，到了后期，乾隆帝怠于政事，好大喜功，生活奢侈，宠信奸臣和珅，使得清廷吏治日见败坏。到了嘉庆帝掌握实权的时候，大清帝国已经由盛转衰。嘉庆帝为了扭转不利局面，"诏求直言，广开言路"。翰林洪亮吉上书切谏，却触了"逆鳞"而被流放伊犁。

洪亮吉（1746—1809），字君直，又字稚存，号北江，晚号更生居士。江苏武进人。洪亮吉博学多识，精于史学、舆地、音韵、训诂之学，且擅长骈文和诗歌，但"长身火色，性豪迈，喜论当世事"。嘉庆四年（1799）下诏求言，洪亮吉直言朝政之弊。他言辞激烈，不知避忌，使得嘉庆帝龙颜大怒，差点判处斩立决，后改为发配伊犁，交伊犁将军保宁严加管束。而且嘉庆帝还有"不许作诗，不许饮酒"之谕。

第四章 弓刀闲挂只春耕

洪亮吉自少年时代即与著名诗人黄仲则交好，二人经常切磋诗艺，当时人称"黄诗似李白，洪诗似杜甫"。在乾嘉之际的诗坛，洪亮吉是一位重要诗人。他嗜诗如命，就算当初被打入死牢，他还吟诗"丈夫自信头颅好，须为朝廷吃一刀"。这样的人让他不作诗，是不可能的。洪亮吉万里西行，几乎在途中的每一个站点都留下诗作，其中不乏雄篇名句。如《出关作》就是他在阳关古道上留下的第一个脚印："半生踪迹未曾闲，五岳游完鬓乍斑。却出长城万余里，东西南北尽天山。"

洪亮吉像

洪亮吉家境贫寒，功名蹭蹬，早年到处依人作幕，走遍大江南北，四十五岁才考取进士，仕宦十年，也一直是屈沉下僚。但这样的生活磨炼了他坚韧的性格。虽然是九死一生，流放边关，但在洪亮吉的诗中很少出现悲愁的影子，达观的诗人将伊犁之行当作一场"壮游"。

洪亮吉在伊犁戍地仅仅三个月，嘉庆帝因"罪亮吉后，言事者日少"，将他释还。三个月的时间，洪亮吉就做有组诗

《伊犁纪事诗四十二首》,最后一首云:"雪深才出玉门关,三月君恩已赐环。赢得番回道旁看,争传李白夜郎还。"

洪亮吉将自己比作流放夜郎的李白,按理说,有些自夸。但纵览清代亲历西域诗人群体,洪亮吉在其中的地位的确堪比李白在盛唐的地位。在洪亮吉之前或者之后,前往西域的诗人中不乏纪昀和林则徐这样的大人物,但这些大人物的影响偏于政界,仅以诗歌成就而言,洪亮吉似乎不遑多让。所以,洪亮吉流放伊犁,实在是清代西域诗史的大事。

清代乾隆朝平定新疆之后,遣戍新疆的犯人逐渐增多,至乾隆三十二年(1767)就有"定例以来,每年各省改发不下六七百名"的记载,其中获罪官员所占比例不低。洪亮吉在《天山客话》中曾这样描绘遣员们的生活:"其贤者则种花养鱼,读书静坐,余则无事不为矣。"西域文化氛围与中原差别很大,遣员们客居无聊,作诗无疑是一种很好的打发时光、安慰寂寞的工具。而且这些遣员大多有过科举经历,早年都练过试帖诗,重操旧业并不太难。因此,在乌鲁木齐、伊犁这些遣员比较集中的地方,渐渐出现了诗坛,有了集体性质的文学活动。洪亮吉的到来,提升了伊犁诗坛的层次,他在伊犁时间虽短,却也结交了一批诗朋酒友。在临行前,他赋诗赠别,如《将发伊犁留别诸同人》(其二):"严鼓三声晓漏收,将军营外引累囚。此生不料能归骨,万死屋檐只叩头。常拟带刀同佩犊,何曾投笔学封侯。浑河桥畔春波阔,一辈羁人望未休。"

从上书言事初判"拟大辟",到严谕"不许作诗",嘉庆帝实在显得"天威难测",洪亮吉真没有想到自己这么快就能回去。这一趟来去匆匆的万里远游,已经使他沉静了很多,在语言表达上也有所收敛,开始说些"如天圣主沛殊恩"的话了,只是在"万死屋檐只叩头"的字句间还隐藏着一丝幽怨。现在自己渡过伊江(今伊犁河)回中原,心中仍然牵挂着留在伊犁的"一辈羁人"。

流不尽的泉水,走不完的沙路,衬映出诗人归心似箭。一旦回到关内,诗人却又深情怀念起辽阔西域和莽莽天山了。如《凉州城南与天山别放歌》:"去亦一万里,来亦一万里。石交只有祁连山,相送遥遥不能已。……明朝北山之北望南山,我欲客梦飞去仍飞还。"凉州乃今甘肃武威,诗人早已进入玉门关内,距离伊犁非常遥远了。他写下的这首诗,是对"万里荷戈""百日赐环"的一种总结,诗中表达了他对天山特别的情结。经过这场人生变故,洪亮吉对官场心灰意冷,他改号"更生居士",居家著述以终。特别值得一提的是,洪亮吉敏锐地发现乾嘉时期人口增长过快的问题,写下《治平

松林

篇》，该文比英国学者马尔萨斯《人口论》问世还早五年，可谓开世界人口学研究之先河。

略晚于洪亮吉赴戍伊犁的诗人陈寅就没有洪亮吉那么幸运了，他没能"生入玉门关"。

陈寅（1740—1814），字心田，浙江海宁人。乾隆三十六年（1771）举人，曾任广东英德知县。因触犯上官，于嘉庆六年（1801）到达流放地伊犁，在西域生活十余年，卒于戍所。著有《向日堂诗集》十六卷，卷十一至十六为在西域时所作，有诗九百七十九首，为历代西域诗人之最。

陈寅西出阳关时，已经年过六十，是一位饱经风霜的老人。对于名利，他早已超脱，古人云：言为心声。陈寅的诗歌写得平静从容，如《自慰》："闻说生男冀远谟，四方有志启桑弧。也须行尽天涯路，始信人间一丈夫。"这首小诗与其说是用来自我安慰，不如说是安慰亲朋好友的。所谓好男儿志在四方，遣戍伊犁对于陈寅来说实在是一个万水千山走遍的机会。

再如《即事》："热经粤海方成热，寒到伊江始信寒。从此炎凉俱历遍，置身天地有余宽。"陈寅曾在岭南为官，那里是我国夏天最炎热的地方之一；如今流放伊犁，这里是冬天最寒冷的地方之一。陈寅觉得自己最冷、最热的地方都经历过了，以后就可以"无往而不可"，一句"置身天地有余宽"包含着无限的达观。

陈寅长于江南，取得功名比较迟，一生官位也不高，但不太得意的生活磨炼了他坚韧的意志，他非常享受西域的生活，认为在这样风景优美、谋生也并不难的地方，简直就是世外桃源。十三年时光、九百多首诗，凝聚的是陈寅对西域的深情。这种感情并不像狂风暴雨那样猛烈，也不像高山大海那样高深，它更像汨汨流淌的泉水，在平静中蕴藏着一份坚持，在坚持中透露出一种安详。

和陈寅相似，史善长也是一位"严寒酷暑皆经过"的诗人，他也是浙江人，也到过广东，他遣戍乌鲁木齐，留下大量诗作。

史善长（1768—1830），字春林，浙江山阴（今绍兴）人。嘉庆二十一年（1816），因捕"妖贼"不获，遣戍乌鲁木齐，史善长对于遣戍西域这件事也像陈寅一样看得很开。就像对度过沙漠这个许多诗人都写过的题材，史善长的《过瀚海》就写得颇为诙谐：

> 只道沧桑又一度，神仙到此不识路。自东而西亘千里，南北杳不知其数。高无山绕低无沟，苍苍不动在上头。书生眼孔一朝开，平视能穷百里外。我疑元会初开辟，清气为神浊为魄。浊中渣砾无处掷，撒向此间不爱惜。不然寸土皆黄金，如何千里闲地弃置阴山阴。不育人禽不生草，终古间隔华夷道。空教过客泪沾裳，苦水煎茶马粪香。赁春哪得梁鸿庑，充饥只有山羊脯。十日哈密见谯橹，面黑须黄我亦虏。

史善长对沙漠的第一印象是"书生眼孔一朝开，平视能穷百里外"，他将路上的艰辛说得好像上天开的玩笑，甚至将自己"面黑须黄"的落魄模样都写入诗中。他喜欢将口语化的内容融入诗句，但运用得恰到好处，基本上能做到通俗却不庸俗，这在西出阳关的诗人中是独树一帜的。

进入新疆之后，从哈密到乌鲁木齐有南北两道，各有凶险之处，两害相权择其轻，诗人最终决定走南道。南道也走得十分辛苦，路途的遥远艰辛，使年近半百的史善长患上重病，好不容易撑到乌鲁木齐，才得到休整的机会。到了乌鲁木齐，诗人的心情彻底放松，他还打听纪昀游览过的秀野亭在哪里。即使重病在身，也挡不住史善长跟自己幽默，"到此即便死，已胜土鲁番，黄钱无片纸"。这种幽默是生存的艺术，也是处世的哲学。具有这样的幽默感的人，即使走到天涯海角也不会感到寂寞，因为他可以和自己交谈。史善长的《半生》就是在戍地对人生的思索：

半生苦羁绁，欲纵不得骋。十步九回顾，犹虞折腰领。一自轮台谪，乃得参静境。室小火常温，帘垂香自永。有味古为徒，无能假许请。山光忽已暝，清磬时一警。好风从东来，独立衣裳冷。引觞乐芝蕨，放歌傲箕颍。况及齿牙健，犹能嚼干饼。

来西域之前，史善长在功名利禄的道路上苦苦挣扎，却

西出阳关

新疆烤馕

一再碰壁。到了西域,他的天地一下子变宽了,心也变得静了。最后一句"况及齿牙健,犹能截干饼",令人读之哑然失笑。史善长所谓干饼恐怕就是西域特有的食物馕。

嘉庆十年(1805),阳关古道上出现了一位"新晋诗人"的身影。对于西域风光他慕名已久,而沿途的风景果然催发了他的诗兴,让他变成一位诗人。

祁韵士(1753—1815),山西寿阳人。字鹤皋,又字谐庭,别号筠渌,又号访山。乾隆四十三年(1778)进士,曾在翰林院任职。嘉庆十年(1805),因事被陷入狱,发配伊犁。祁韵士于乾隆二十四年(1759年)拔贡,是年秋参加乡试中举。考官之一就是翰林院编修褚廷璋,褚曾参加编撰《西域同文志》,还作有著名的《西域诗》八首。座师的学术成就让祁韵士非常羡慕。乾隆四十七年(1782),祁韵士任翰林院纂修官,他编纂有《蒙古回部王公表传》、《皇朝藩部要略》。可以说他和乃师褚廷璋都是"秀才不出门,全知天下事"的例子。不同的是,褚廷璋一生都是"纸上谈兵",祁韵士则有机会亲历西域。祁韵士将沿途见闻记入了《万里行程记》。《万里行程记》篇首云:"时经一百七十余日,路经一万七百余里,所见山川城堡、名胜古迹、人物风俗及塞外烟墩沙碛,一切可异可怖之状。无不周览遍历,系于心目。每憩息旅舍,随手疏记,投行箧中。"西域的地名祁韵士早已熟知,此次西行成为一次难得的"实践检验真理"的机会,正是在这次旅途中,学者祁韵士增添了诗人的身份。

祁韵士将自己在流放途中的诗作命名为《濛池行稿》。王国维所谓:"余之性质,欲为哲学家则感情苦多,而知力苦寡;欲为诗人,则又苦感情寡而理性多。"作为行不逾矩的传统士大夫,祁韵士应该属于"感情寡而理性多"的那种人,但万里西行使他的感情在理性防线上打开了缺口,他的许多诗作都流露出真情实感,如《月夜旅宿不寐》:"嗷嗷八口想饥啼,旅馆萧条月色凄。家滞都中唯有梦,诗成塞外半无题。松涛遍入幽人耳,雁唳频惊客子栖。中夜彷徨眠不得,吟髭变白已将齐。"

祁韵士还作有《西陲竹枝词》一百首,其中一些诗作颇有认识价值,如《蒲昌海》:"滔滔汇合水西来,盐泽亭居暗溯回。九曲昆墟何处是,莫将星宿漫相猜。""蒲昌海"就是罗布泊,祁韵士理论与实践相结合,澄清了罗布泊就是黄河

胡杨

源头星宿海的传闻。只是可惜,祁韵士笔下"滔滔汇合水西来"的景象早已成为历史,罗布泊已沦为无垠戈壁。

再如《胡桐泪》:"怜渠蜷曲养天年,樗散甘推梁栋贤。独讶无端频下泪,疗人疾病结良缘。"胡桐就是胡杨,是一种耐旱、耐寒、耐盐碱、抗风沙的乔木。胡杨"生而不死一千年,死而不倒一千年,倒而不朽一千年",被称为沙漠的守护神。胡杨的树脂(即诗中所谓胡桐泪)具有药用价值,能够清热解毒。

《西域竹枝词》还写到西域人民的特殊技能,如《绳伎》:"寻橦度索巧无双,传自花门远部降。孑孑孓孓多少态,熟能矫捷力能扛。"绳伎也就是高空走绳,维吾尔语中叫"达瓦孜"，在西域已有两千年的历史。这项集技术与勇气于一身的运动，深受西域人民的喜爱。清代不少西出阳关的诗人都描写过绳伎。

祁韵士遣戍伊犁期间，担任新疆最高军政长官的是伊犁将军松筠。这位蒙古族的封疆大吏，任职期内较为重视边疆的文化事业，积极支持边疆史志的编纂。他欣赏祁韵士的学识，也同情其遭遇。在松筠的保护和支持下，祁韵士在几年的遣戍生活中，得以专心于西域史地，编写了《西陲总统事略》、《西陲要略》、《西域释地》等几部相关著作，成为近代西域史地研究的先驱。

第四节　万里岩疆事远游

嘉庆年间，接连有几位封疆大吏因事被谪西域，他们以乌鲁木齐为中心互相唱和，繁荣了西域诗坛。其中，李銮宣因为忠孝不能两全遭到流放，背负着巨大的心理负担。

李銮宣（1758—1817），字伯宣，号石农，别署散花龛主，山西静乐人。嘉庆十一年（1806），因错误平反误伤人命案被革云南按察使一职，旋因侍养病重的老父无法兼顾政事导致案件积压，流放乌鲁木齐。

李銮宣为官清廉，平生无所好，唯喜作诗自娱，他是晋北人，对边塞诗很有兴趣，早年即作有《塞上曲六首》，但这组诗和褚廷璋的《西域诗八首》相似，虽写得声调齐整，却缺少真情实感，有点"为赋新词强说愁"的意思。真正经过人生波折、万里西行的李銮宣亲历西域，他的诗作就变得充满力量了。瀚海流沙，如果只是在诗句里、书本中遇见，也

第四章 弓刀闲挂只春耕

许给人的感觉是浪漫的，能够激起英雄主义的慷慨之情。但是真正要靠脚步或者马蹄、车轮来穿越它的时候，那种感受就截然不同了。马车走完莫贺延碛，李銮宣有一种不堪回首的感觉，如《至红土崖抵哈密界》："不须料理苦吟身，日日征车簸两轮。天似穹庐笼四野，云霾沙碛过三春。兜离莫辨缠头语，堀峷难当刮面尘。回首玉门关下路，古今多少未归人。"

西出阳关的李銮宣正值知命之年，对于世间荣辱看得很透，他的诗笔已经变得收放自如，如小诗《长流水题壁》："朝过长流水，暮过长流水。流水流不休，行人行未已。"诗人虽未明言，但惆怅的寂寞已跃然纸上。

快到哈密城，诗人终于重新见到花红柳绿的熟悉风景，如《将抵哈密，村落棋布，耕耨相望，边塞始见春光矣，口占二断句》：

黄尘不动午风喧，负郭人家水灌田。山下桃花山上雪，烟柳笼到寺门前。

出关那识春风面，沙拥车轮雪啮毡。何意伊州城一角，暮春恰似早春天。

到达乌鲁木齐戍地之后，李銮宣属于遣员中的贤者，他读书自适，修身养性，如《壶中》：

> 壶中岁月幻中身，闭户抄书又浃旬。昕夕往来皆戍客，古今迁谪几诗人。庭花沐雨生秋色，幕燕欹风结比邻。抬眼天山万年雪，一回凝睇一伤神。

我国古代有"壶公"的神话，壶公是一位卖药老人，卖完就跳入壶中。壶中有天有地，诗中用此典故，取其隐居之意。"世事苍狗变浮云"，对于年过五旬的李銮宣来说，唯一割舍不下的就是亲情。李銮宣自幼丧母，在云南按察使任上父亲病重，他精心侍奉以致耽误公事。流放乌鲁木齐，势必无法继续照料老父，这使他一直耿耿于怀。其父在不久后去世，嘉庆帝开恩将李銮宣释还。归心似箭的李銮宣在乌鲁木齐留下《发巩宁城留别诸同人二首》：

> 金鸡诏下众开颜，圣泽如天已赐环。此后应沾新雨露，何时得返旧家山。椎心未泣三年血，搔首空嗟两鬓斑。子职有亏臣罪免，受恩深处泪潸潸。
>
> 朝来送客满郊坰，语暂勾留足暂停。晓雨初收边树绿，午风不断塞烟青。征轺络绎循归路，尊酒

第四章　弓刀闲挂只春耕

苍凉别驿亭。几辈羁人频怅望，红山山下水泠泠。

  巩宁城是清代乌鲁木齐都统官衙所在之地，也是八旗官军驻防的地方，俗称"老满城"。挥别巩宁城，作别同样是天涯羁旅的朋友，李銮宣的心情可谓百感交集，作为忠臣孝子，他多么想做一名忠孝两全的完人，但是现实却让他既失职又不能尽孝。踏上回乡路程的李銮宣，心情并不比来时轻松。

  对于流放西域的人来说，进入玉门关内，意味着西域历程终于结束。李銮宣在玉门关，也是感慨万千，如《玉门旅舍感怀一首》："万里轮台客，生还玉门关。羁孤亏子职，宽大感君恩。雪窖凄凉梦，麻衣涕泪痕。茫茫千古恨，往事不堪闻。"古人云："求忠臣必于孝子之门。"李銮宣居家为孝子，做官也是一位爱民如子的清官。在庞大的清代遣员队伍中，很多人都是身负贪腐罪名，而李銮宣的流放，则与贪腐没有任何关系。他一生宦游四方，到处受到百姓爱戴。

  遣戍西域官员的罪名有很多种，其中和瑛的罪名有些特殊。和瑛（？—1821），原名和宁，为避道光皇帝旻宁之讳而改名。累官至山东巡抚，因"日事文墨，废弛政务"，于嘉庆七年（1802）遣戍乌鲁木齐。在西域七年，先后任叶尔羌帮办大臣、喀什噶尔参赞大臣、乌鲁木齐都统，有惠政。回京后,官至军机大臣。和瑛娴习掌故,优于文学。有《易简斋诗钞》四卷、《太庵诗稿》九卷。他还著有研究西域历史的《回疆通志》十二卷、《三州辑略》九卷。

  和瑛是个"懒散"的官员,在西域他仍是"优游卒岁",如《叶尔羌城》:"羌城古塔绿阴屯,名迹曾探和卓园。百战风霜沉义冢,九霄霜月护忠魂。呼鹰尽出桑麻里,戏马闲看果蓏村。镇抚羌儿高枕卧,双歧铜角听黄昏。"和瑛是典型的文人性格,"不耐烦剧",在公务繁忙的山东可能显得不合时宜。但是在多民族聚居杂处的西域边陲,这种"镇之以静"的做法,与班超"水清无大鱼,察政失下情"的想法不谋而合。因此和瑛深得西域人民爱戴,后来其子璧昌镇守边疆,也深受西域人民拥护。

  璧昌诗风清丽,大似乃父,他在喀什噶尔的诗友许乃縠的组诗《西域咏物诗》值得一提,该组诗前有小序:"庚寅秋,回疆再扰。余奉檄从戎,西历万里,偶有所见,辄纪以短句,聊志物产,非敢言诗也。"其中有些诗作,记录了西域特有的物象,如《土雨》:"非雾非烟一望中,欣欣草木荡春风。封姨善学娲皇戏,撒手能回造化功。"这就是今天所说的沙尘暴了,这在之前的诗人作品中很少出现。通过这首小诗可以看出,随着移民日益增多,农业开垦逐渐扩大,西域环境问题开始凸显了。

和瑛在当时西域诗坛是个颇为重要的人物,他热心文艺,和在西域的很多诗人都有交集。尤其是在何瑛担任乌鲁木齐都统期间,由于该地处于西域交通要冲,时常有诗人路过,与之唱和。其中不乏王孙贵胄,比如晋昌。晋昌(?—1828),字戬斋,后改晋斋,号红梨主人。清世祖五子恭亲王常宁五世孙。乾隆五十三年(1788)袭爵镇国公。嘉庆十年(1805)以头等侍卫衔出任乌什办事大臣,嘉庆十一年(1806)为喀什噶尔参赞大臣。嘉庆十四年(1809),调任伊犁将军。道光中,历任兵部尚书、盛京将军、绥远城将军。著有《戎旃遣兴草》,其中存西域诗三十余首。

晋昌与和瑛本来就是朋友,此次出镇乌什,路过乌鲁木齐,和瑛邀他盘桓数日,二人诗酒唱和,晋昌作《留别太庵都护》,其中颔联的"摊书早脱乌纱气"非常准确地抓住了和瑛的特点,作者不愧为和瑛的知音。晋昌的小诗写得也很清丽,如作于乌什的《春日即事》:"杏含红萼柳含青,几处鸣鸠隔岸听。新涨满池闲泛艇,一篙撑到水心亭。"四年后,晋昌调任伊犁将军,成为西域最高军政长官,但这位将军似乎对"诗酒"比"戎马"更感兴趣,他经常和僚属唱和,俨然是伊犁诗坛的主盟人。

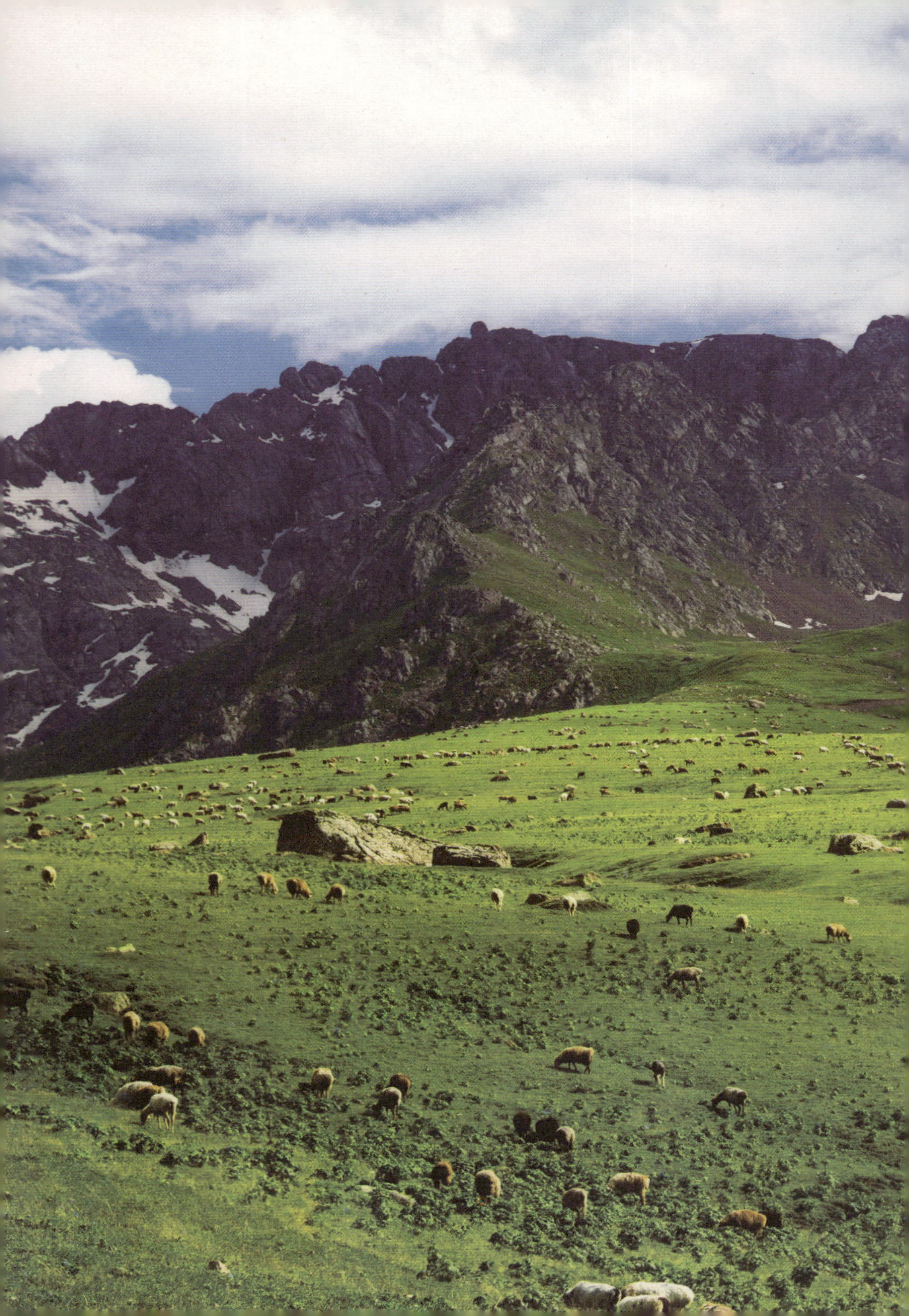

南疆风光

西出阳关

晋昌长期在边疆效力，难得与家人团聚。他在《永宁城冬夜寄内》中写道："寒窗月映倍分明，夜柝频敲欲二更。冷暖睡残边塞梦，云山隔断故乡情。天涯有客应怜我，地僻无书可寄卿。若问寒衣别后事，又添鬓发雪千茎。"夜深人静的时候，是想家的时候。在连寄一封家书都没有条件的永宁城（乌什办事大城驻地），晋昌只能顾影自怜。这首诗情真意切，在"将军白发征夫泪"中传递出一种感人的力量。

和瑛的诗友还有同样从封疆大吏沦为遣员的颜检。

颜检（1756—1832），字惺甫，又字岱云。广东连平人，贵州巡抚颜希深之子。乾隆四十二年（1777），以拔贡出身，官至直隶总督。嘉庆十一年（1806），以失职流放乌鲁木齐，嘉庆十三年（1808）释还。著有《衍庆堂诗稿》十卷，其中卷四、卷五、卷六《西行草》，卷七《东归草》作于西域，共计六百三十首，数量仅次于陈寅。

颜检流放乌鲁木齐的时候，正值和瑛担任乌鲁木齐都统。他的《呈都护和太庵先生》就表达了对和瑛的赞许："万里西濛境，轺轩采访真。从知持节使，不愧读书人。裘带今儒将，襟期古大臣。不才惭钝拙，尚许接文茵。"乌鲁木齐都统是西域仅次于伊犁将军的统兵官，但在这些诗友眼中，将军和瑛的本色乃是读书人。

晋昌路过乌鲁木齐，颜检也有诗《赠晋晋斋将军即次晋斋留别太庵都护韵》。除此之外，颜检还和李銮宣有过唱和，如《和石农灌园韵》。李銮宣躬自灌园，其人襟怀之澹泊，于此二诗可见一斑。颜检本人的生活，也颇为清闲，如《晨坐》："晓起无一事，清光殊可人。云低天欲雨，庭碧树留春。但觉露花润，时同禽语亲。静观成独赏，吾不负斯晨。"这些经历过荣华富贵的遣员，从在任时的门庭若市到流放时的门可罗雀，获得了不同寻常的人生感悟。颜检在西域不过一年出头，却写下六百余首诗，可见作诗是他在乌鲁木齐生活中的重要内容。

和瑛任喀什噶尔参赞大臣期间，曾奉召入京，在回京途中与成书结识。成书（1760—1821），字倬云，号误庵，满族镶白旗穆尔察氏。乾隆四十九年（1784）进士，曾在翰林院任职。嘉庆十年（1805），调任哈密帮办大臣，翌年升任办事大臣。嘉庆二十一年（1816），因失察之罪，降为古城领队大臣，寻改乌什办事大臣，嘉庆二十四年（1819），调任叶尔羌办事大臣。翌年被召还，后仕至户部右侍郎。著有《多岁堂诗集》七卷，其中有《伊吾绝句》三十首，每首皆有小注。

成书有着很深的西域情结，对哈密感情更为特殊，因为其父哈靖阿曾在乾隆四十五年（1780）至四十九年（1784）

期间担任哈密办事大臣。成书的《黄芦冈》作于赴任哈密帮办大臣途中："沙草连天落日曛，伊城鼓角隔宵闻。边民争议新都护，遗老能言旧使君。未报殊恩轻绝域，近编家集续从军。黄芦冈上秋风起，独倚危楼看暮云。"从"编家集"一语来看，哈靖阿应也能诗，可惜未见流传。像阿克敦、阿桂父子，哈靖阿、成书父子，和瑛、璧昌父子这样两代人效力边疆，为多民族国家的统一做出贡献，本身就是值得大书特书的。何况他们还都是诗人，在公务之余留下佳作，为西域的历史增色不少。

嘉庆年间，因为失察之罪来到西域的还有满族著名文人铁保。铁保（1752—1825），字冶亭，号梅庵。满族正黄旗栋鄂氏。《清史稿》卷三五三有传。乾隆三十七年（1772）登进士第，授吏部文选司主事。以耿介敢言，受到管理吏部的武英殿大学士阿桂赏识，累迁至内阁学士、礼部侍郎。嘉庆十四年（1809）在两江总督任上，因失察之罪遣戍乌鲁木齐。在西域先后任叶尔羌办事大臣、喀什噶尔参赞大臣。

有清一代，满族作为统治民族，获得了文化发展的良好机遇，涌现出一大批有成就的文学家。单就诗词而言，词人纳兰性德异军突起，卓然为清代大家。满族诗人也很多，自康熙起历代帝王都能写诗，而且乾隆帝创造了古代文学史上存诗数量第一的记录。铁保作为才华全面的满族文人,在诗歌方面也成就斐然。他的西域诗作写得颇为豪迈。如《出关作》:"万里岩疆事远游,玉门关外此淹留。塞山不及征夫健,才见秋风已白头。"铁保从位高权重的两江总督降职为边关守臣,诗中却没有一丝幽怨之气,反而幽默地嘲笑塞外山川"才见秋风已白头",让人读来会心一笑。再如《即事》:"严风四月冷添裘,抱膝荒斋兴亦幽。插壁野花标绰约,挂檐山鸟叫钩辀。闲翻曲谱收新调,偶检前诗忆旧游。如此谪居消永昼,更无心事绾离愁。"嘉庆朝的西北边疆相对平静,铁保的工作也比较清闲,此前被繁忙公务压抑的业余爱好——诗词曲又有了翻身的机会,铁保将西域之行变成了一段"文学创作假",每天乐在其中。

铁保出身武将世家,但他自幼喜文,选择了文人道路。如今他身着戎装,骑着骏马巡视边疆,这种体验是非常新鲜的。西域辽阔的景象开阔了他的眼界,也砥砺了他的性格,唤醒了他心中沉睡已久的武将基因。当他进入玉门关告别西域的时候,他写下具有总结性质的《玉关行》。西域作为边防重地,统兵的将领多为旗人,尤其是伊犁将军及其副贰参赞大臣。铁保因失察之罪降职戍边,却得到"书生坐镇操兵符"的机会,这也是祸福相依的一个活生生的例子。

到了道光年间，西域诗坛更加丰富多彩，还有诗话问世。

袁洁（生卒年不详），号蠡庄，又号玉堂居士，湖南桃源人。嘉庆末年清查山东亏空时落职。道光二年（1822）流放乌鲁木齐，道光七年（1827）释回。袁洁著有《出戍诗话》四卷，这是古代唯一专门记述出戍西域诗人的诗话。其中保存了大量戍客、幕宾、当地诗人的诗作，这些诗大多与袁洁本人有关。袁洁喜欢自我标榜，以西域风骚盟主自居，但其所录少有佳作。袁洁的很多诗只能说是押韵的口语，将之与史善长诸作相比，可以说高下立判。就是这样一位诗艺乏善可陈的小诗人，竟然在《出戍诗话》中借别人之口吹嘘自己是"天边谪下大峨仙，妇孺都将姓字传"。就是同时身处西域的金德荣、方士淦等人，所作诗也远比袁洁的出色！

金德荣（生卒年不详），字桐轩，上元（今江苏南京）人，道光四年（1824）在醴陵知县任上，因处理征收漕粮事失当，遣戍乌鲁木齐。曾在巴里坤满城教家塾，有《塞外游草》一卷。金德荣早年所作诗篇，受到大诗人袁枚赞许。他在巴里坤留下的一些诗作颇耐讽咏，如《夜宿白山下》："颠风几阵拂征衣，道险驱车趁午曦。地旷野獜当路卧，草深寒蝶破烟飞。尖山北去青松断，蒲海西流白雪稀。沽取浊醪荒店饮，团团秋月照窗扉。"王国维《人间词话》云："有有我

新疆荒原

之境，有无我之境。"在荒僻的边关道路边，一个倦于车马的孤独诗人，在一家村野小店一口一口地喝下寂寞，金德荣此诗营造的就是"有我之境"。

金德荣还写过长达二百七十六字的《巴里坤冰灯歌》，对当时只有在西域冬天才能见到的冰灯奇观大加歌颂。在巴里坤长期的生活，使得金德荣对这座宁静的边关小城充满了感情，他作有组诗《巴里坤杂咏》七首，最后一首写道："仙佛修难到，长思素位行。离忧畴共诉，木石岂无情。野卉含春色，时禽变夏声。壮怀销不已，诗较去年清。"时人称金德荣的西域诗"绝无牢骚不平之响"，这首五律道出了原因。

方士淦（1787—1849），字莲舫，一作濂舫，安徽定远人。嘉庆十三年（1808）举人，历官浙江湖州知府。道光六年（1826），因失察之罪谪戍伊犁，两年后释还。方士淦在伊犁期间，关心地方建设，尤其注意边防保障。当时，和卓后裔张格尔多次潜入南疆作乱，方士淦积极参与后方的军需供应工作，为平叛做出贡献。他也因立功表现，提前释还。在《戊子三月望日自伊犁首途》中他写道："龙沙春雨细，催我上征车。不觉星河远，偏惊岁月除。生还万里客，胜读十年书。且喜传双鲤，先堪慰倚闾。""生还万里客，胜读十年书"，意同史善长所云"不信今吾是故吾"，经过万里西行，诗人开阔了眼界，也提高了境界，前人说的"江山之助"，再没有比西出阳关更好的例子了。

乾隆朝平定准噶尔部，使得茫茫西域"故土新归"，也使清代诗歌拥有了和盛唐同样辽阔的西北分坛。从乾隆中期，到嘉庆、道光年间，大量诗人因为镇戍、遣戍等原因来到西域，使西域诗歌的数量和质量都不断提升，在乌鲁木齐和伊犁等地还出现了频繁的文学团体活动。在这背后，是强大的国防力量的支撑。纪昀的《乌鲁木齐杂诗·典制》（其七）中的"烽燧全消大漠清，弓刀闲挂只春耕"，可以说是清代中期西域生活的绝佳写唱，也是典型的主旋律诗歌。

第五章

历史步入近代，古老的中华帝国在西方列强的咄咄进逼之下危机深重，而僻处祖国西北隅的新疆则相对稳定，虽然在某些时段面临过外敌入侵的危险，但大多数时间都是乱世中的"桃源"，尤其是新疆建省之后，在全国政局中的重要性进一步提高。清朝末年，仍有大量著名人物来到新疆，为繁荣边疆文化做出贡献。在他们的心目中，这块美丽的土地充满了独特的魅力，是祖国神圣领土不可分割的一部分。

中原无此好春风

第一节　名臣心迹本双清

19世纪上半叶，流亡于中亚的白山派和卓后裔，在浩罕汗国的支持下，多次潜入天山南路发动叛乱，其中以张格尔叛乱活动时间最长、危害最大。

张格尔是大和卓波罗尼都之孙，从嘉庆二十五年（1820）到道光八年（1828），张格尔先后四次率叛匪潜入境内烧杀抢掠，企图割据南疆西四城（指喀什噶尔、英吉沙尔、叶尔羌、于阗），最后被清军活捉，解送京师处死。张格尔死后，其兄玉素甫又在浩罕汗国支持下侵入边境，掳掠人口，使西四城再次遭受严重破坏。

道光年间，英国为了扭转对华贸易逆差，开始向我国大量输入鸦片。道光十八年（1838），清廷派遣力主禁烟的林则徐为钦差大臣，赴广东查禁鸦片。翌年六月，林则徐在两广总督邓廷桢、广东水师提督关天培的支持下，主持了著名的

第五章 中原无此好春风

"虎门销烟",将查缴的两万余箱鸦片销毁。英国政府以此为借口,派遣远征军侵华。道光二十年(1840)八月,英国军舰进逼天津大沽口,原本主战的道光帝在压力下,派遣琦善与英军谈判,并将邓廷桢(时已改任闽浙总督)、林则徐(时已改任两广总督)革职。道光二十一年(1841)四月,随着广东海战失利,道光帝下令将邓廷桢、林则徐充军伊犁。

邓廷桢(1776—1846),字维周,又字嶰筠,晚号妙吉祥室老人、刚木老人。江苏江宁(今南京)人。《清史稿》卷三六九有传。嘉庆六年(1801)进士,累官至两广总督,密切配合钦差大臣林则徐禁烟。鸦片战争形势不利,他与林则徐一同被发配伊犁,道光二十三年(1843)释回。著有《双砚斋诗钞》十六卷、《双砚斋词钞》两卷。其西域诗作集中于《双砚斋诗钞》卷一六中。

邓廷桢到达伊犁后,很快迎来中秋节。在这象征团圆的日子,远在边关的邓廷桢被强烈的家国之感缠绕,只有借诗遣怀,如《伊江中秋》:

> 银河当户泻孤光,枕蕈凄清已作凉。耿耿不眠聊复尔,迢迢问夜未渠央。远闻边事谁能遣,默诵楹书幸未忘。画角一声残月淡,卧听征雁正南翔。

西出阳关

今年绝域看冰轮，往事追思一怆神。天半悲风波万里，杯中明月影三人。英雄竟污游魂血，枯朽空余死后身。独念高阳旧徒侣，单车正逐玉关尘。

西行万里之后，邓廷桢在皎皎明月下，想得最多的并不是家人，而是国事的难以收拾，以及正在向西域赶来的老战友林则徐。在禁烟和抗英斗争中，二人结下了深厚的战斗情谊。如今战事不利，许多朝臣趁机攻击邓廷桢和林则徐处理洋务失宜。在这时候，只有他们最能理解对方的处境和心情。邓廷桢不断打听林则徐的行程，林则徐到了玉门关，也事先寄诗告知，即《将出玉关得嶰筠前辈自伊犁来书赋此却寄》：

与公踪迹靳从骖，绝塞仍期促膝谈。他日韩非惭共传，即今弥勒笑同龛。扬沙瀚海行犹滞，啮雪穹庐味早谙。知是旷怀能作达，只愁烽火照江南。

公比鲰生长十年，鬓须犹喜未皤然。细书想见眸双炯，故纸难抛手一编。傲屋先教烦次道，携儿也许学斜川。中原果得销金革，两叟何妨老戍边。

虽然诗中大半谈的都是个人的处境，但是末尾总免不了回到国事上。因为,他们个人的命运是和国家的命运紧密联系在一起的,如今虽然身处祖国的西北一隅,但他们目光的焦点都凝聚在西南海疆。

邓廷桢的答诗为《少穆尚书将出玉关,先以诗二章见寄》:

> 天山冰雪未停骖,一纸书来当剧谈。试诵新诗消酒盏,重看细字对灯龛。浮生宠辱公能忘,世味咸酸我亦谙。闻道江乡烽燧远,心随孔雀向东南。
>
> 相从险难动经年,莫救薪中厝火然。万口褒讥舆论在,千秋功过史臣编。消沉壮志摩长剑,荏苒余光付逝川。唯有五更清梦回,觚棱衹傍斗枢边。

"万口褒讥舆论在,千秋功过史臣编",这是正道直行的大臣的自信,也是邓廷桢对自己被流放伊犁这件事的态度。他相信历史,也相信未来。

林则徐到了伊犁之后,两位老朋友诗酒相伴,使得原本寂寞的流放生涯色彩丰富了许多,诗歌是他们重要的交流方式。邓廷桢年辈略早于林则徐,他似乎是伊犁诗坛的风骚盟主,经常组织集体性质的文学活动,这从一些诗题中就能看出,如林则徐有《壬寅腊月十九日嶰筠前辈招诸同人集双砚斋作坡公生日，此会在伊江得未曾有，诗以纪之》，说的就是在林则徐抵达伊犁的当年冬天，邓廷桢以苏轼诞辰为名组织的一次诗酒之会，邓廷桢当时所作为《东坡生日同人咸集寓庐，余既倚百字令慢词，嗣少穆尚书一飞河帅各有古诗，乃亦作一首》。邓廷桢的《岁除志感兼呈少穆尚书四首》（其四）表现的也是他们在伊犁互相唱和的情形：

独有平生契，龙沙慰寂寥。吟笺晨互递，酒局夜相招。患难怜虫蜃，芳馨揽桂椒。清时多雨露，休怨故山遥。

邓廷桢比林则徐先到伊犁，可能是因为他的"罪行"没有林则徐那样深重，他也比林则徐先期释还，林则徐赋诗《送嶰筠赐环东归》：

得脱穹庐似脱围，一鞭先著喜公归。白头到此同休戚，青史凭谁定是非。漫道识途仍骥伏，都从遵渚羡鸿飞。天山古雪成秋水，替浣劳臣短后衣。

回首沧溟共泪痕，雷霆雨露总君恩。魂招精

卫曾忘死,病起维摩此告存。歧路又歧空有感,客中送客转无言。玉堂应是回翔地,不仅生入玉门关。

林则徐也像邓廷桢一样相信历史的裁决,"青史凭谁定是非"是无疑而问,他的答案早已藏在胸中。"天山古雪成秋水,替浣劳臣短后衣",这是对朋友的安慰,也是对自己的安慰,莽莽天山像一位不说话的母亲,用涓涓流水滋润着羁旅孤臣的心田。

在国家内忧外患,最需要人才的时候,两位朝廷柱石之臣却被弃置在天山脚下,转眼就是两年,好不容易盼到邓廷桢的释还,林则徐期盼老朋友能够再次得到重用,为国家出力。邓廷桢答以《癸卯闰秋被命东归,少穆尚书以诗赠行,次韵却寄二首》:

秋净天山正合围,忽传宽大许东归。余生幸保惊魂在,往日沉思事业非。遇雨群疑知并释,抟风独翼让先飞。河梁自古伤心地,无那分携泪满衣。

事如春梦本无痕,绝塞生还独戴恩。未必苣兰香共揽,要留姜桂性常存。百年多难思招隐,半壁隐忧敢放言。此去刀环听续唱,迟公归骑向青门。

相比之下,邓诗的感情色彩略显淡薄,这也许跟清朝文网甚严有关,邓廷桢刚接到东归之命,可不想因为逞口舌之快出现什么差池。进入嘉峪关内,他写下《寄怀少穆》:

五年逐形影,辗转婴百忧。遂令平生交,直与骨肉侔。厥初事筹海,颇欲驯夷酋。商略辄中夜,肝肾穷㓮锼。逾年困围城,越俎敢代谋。生死寄呼吸,朝暮如蜉蝣。谪戍天山西,振策万里游。搴茭会有役,我去公稍留。荷戈旋复来,双双泛浮沤。眠食互存问,疾病相噢休。患难转益亲,下逮仆与驺。贱子荷环召,驱车出芦沟。河梁不忍别,涕泗交颐流。自念蒲柳姿,岂望桑榆收。酒泉幸生到,意慊夫何求。勿谓无所求,思公滞遐陬。穹庐叹孤子,悲笳动牢愁。无人诵七发,风疾恐未瘳。巫祝天回春,乐府歌刀头。郁郁久怀抱,辘轳转不休。雨露本无私,此志行当酬。旧腊拜恩命,宅藩来兰州。西望嘉峪关,兹地为襟喉。造物似有意,置我于道周。旦晚迎公归，慰我轴饥轴。坎陷不失义，灵蓍告我犹。相期保百岁，安敢论千秋。大地东南浮，吾道宜沧洲。咄嗟此二老，长作寻盟鸥。

该诗回顾了与林则徐多年的相交历程，二人因共同的政见和同样强烈的爱国精神，在抗英斗争中互相支持，一度取得良好的局面，但君心难测，优柔寡断的道光帝将两位重臣贬往西域，他们在流放伊犁的患难之中感情更加亲密。邓廷桢回到内地，仍然为林则徐的滞留而放心不下。这首诗叙事详细，感情真挚，让人读后深深为两位老人基于爱国情怀的患难真情所感动。

林则徐（1785—1850），字元抚，又字少穆、石磷，晚号竢村老人、七十二峰退叟。福建侯官（今福州）人。嘉庆十六年（1811）进士，累官至湖广总督。力主严禁鸦片，于道光十八年（1838）被委派为钦差大臣赴广东禁烟。后因鸦片战争局势不利，遣戍伊犁。

林则徐像

林则徐在西行途中曾奉旨襄办治理黄河决口,故此到达伊犁戍所时间较邓廷桢为晚。林则徐在伊犁协助伊犁将军布彦泰兴修水利、巡查屯垦,为西域地方建设做出了贡献。著有《云左山房诗钞》八卷,西域诗作载于卷六、卷七和附卷中。

林则徐革职以后,一度在广东军中效力,在流放途中,还曾治理黄河决口,但这些功劳仍然没有让他免于流放。他在《赴戍登程口占示家人》二首中表达了自己对西域之行的感受:

出门一笑莫心哀,浩荡襟怀到处开。时事难从无过立,达官非自有生来。风涛回首空三岛,尘壤从头数九垓。休信儿童轻薄语,嗤他赵老送灯台。

力微任重久神疲,再竭衰庸定不支。苟利国家生死以,岂因祸福避趋之。谪居正是君恩厚,养拙刚于戍卒宜。戏与山妻谈故事,试吟断送老头皮。

林则徐作过一副非常著名的对联:"海纳百川,有容乃大;壁立千仞,无欲则刚。"这无疑是夫子自道。纵览林则徐在道光朝的所作所为,特别是在禁烟抗英过程中的种种表现,他确实是说到做到,为后世树立了典范。"苟利国家生死以,岂因祸福避趋之。"这一联诗是林则徐对待国事的态度,也激励了一代又一代爱国志士,为了中华民族的救亡图存而抛头颅、洒热血。林则徐站在中国近代史的起点上,睁眼看世界、苦心救中华,个人的安危早已被他置之度外,他是当之无愧的民族英雄。

据说,林则徐流放途中,沿途官员都想一睹其风采,但他每到一地,终日危坐读书,连寒暄的话也不多。自嘉庆十六年(1811)登科入仕,三十年宦海浮沉,西出阳关在林则徐看来,是一个难得的"读书假",他的心情记录在《载书出关》中:"荷戈绝徼路迢遥,故纸差堪伴寂寥。纵许三年生马角,也须千卷束牛腰。疗饥字学神仙煮,下酒胸同块垒浇。不改啸歌出金石,毡庐风雪夜萧萧。"

出了阳关,过了大碛,林则徐沿着天山北麓迤逦西行,这座一路作伴的巍巍高山,也成为他的知己,如《塞外杂咏》:"天山万笏耸琼瑶,导我西行伴寂寥。我与山灵相对笑,满头晴雪共难消。"

林则徐到了伊犁之后,并没有像大多数遣员一样无所事事,对于国家民族的强烈使命感使他不顾年高体衰,"西域遍行三万里",考察了天山南路八城(东四城喀喇沙尔、库车、阿克苏、乌什,西四城喀什噶尔、英吉沙尔、叶尔羌、于阗），对边防建设提出建议。他以战略家的眼光指出，沙俄对我国西北边防构成严重威胁，他的"塞防论"，成为我国近代陆疆防御的先声。他还领导人民兴修水利工程，在西域推广坎儿井和纺车，西域人民为了纪念他，将之称为"林公井"、"林公车"。林则徐之后西出阳关的诗人，很多都领略到西域百姓对他的甘棠之思。

在公务余闲，林则徐还作有组诗《回疆竹枝词二十四首》，写的也是天山脚下的风土人情，诗中大量运用当地民族语言的词汇，从中可见林则徐对西域这片土地的热爱以及与少数民族相处之融洽。

林则徐在伊犁的主要文化生活就是和邓廷桢等友人的诗酒之会，有的时候是他首唱，友人和韵，虽然比邓廷桢年轻，但万里西行的林则徐也已经年近花甲，"百岁光阴去已多"，听到除夕的歌声时，他的情绪是低沉的。屈原在《离骚》中说："汩余若将弗及兮，恐年岁之不我与！"救世心切的人，往往对时光的流逝特别敏感。在边关伊犁的除夕之夜，陪伴林则徐的只有一年下来积累的诗篇。

林则徐有句名言："岂能尽如人意，但求无愧我心。"在两广、在西域，他都曾在无任何职务的情况下，为国家竭忠尽智地效力。这种境界，显然与那些"红裙乐未央"者不可

第五章 中原无此好春风

同日而语。

三年之后,第一次鸦片战争的战火早已熄灭,道光皇帝又想起林则徐的"还有用处",将他赦免回京,林则徐百感交集,写下《乙巳子月六日伊吾旅次被命回京以四五品京堂用纪恩述怀》三首,试读其一:

> 浃岁锋车遍十城,花门劈面马前迎。羁臣几见赓星使,清秩频惭附月卿。雨露雷霆皆圣泽,关山冰雪此归程。衔恩正对轮台月,照见征袍老泪倾。

从"花门劈面马前迎"不难看出林则徐在西域的威望。对于一个遣员来说,这种待遇几乎是难以想象的。封建臣子的悲哀在于,无论你多么尽心尽力、忧国忧民,只要违背了皇帝的意思,就不会有什么好结果。林则徐被弃置西域三年,释还的时候还要说些"衔恩"之类的话,但是在这些场面话的后面,两行"老泪"更能表明他的心情。

好在知心好友能够理解林则徐的内心世界,先期释还的邓廷桢此时已经就任甘肃布政使,他非常关注林则徐东归的行程,等候老友路过甘肃时相聚,有《少穆被命还朝以诗二章迎之》寄来,林则徐作《次韵嶰筠喜余入关见寄》。

西出阳关

林则徐说过"宦味思之真熟烂"的话,那是出于对官场权力斗争的厌恶,可一旦被召回,他又不辞辛苦地为国效力,践行了"苟利国家生死以"的诺言。与邓廷桢"沧江双桨逐鸥群"的愿望,也就没有机会实现了。

林则徐寄词的对象是黄濬,黄濬的遣戍之地是乌鲁木齐。林则徐曾称:"壶舟迁谪乌垣时,余亦屏逐伊江,往往相逢戍所,辄剪烛论文,连宵不息。"

黄濬(1779—1858),字睿人,号壶舟。台州太平(今浙江温岭)人。道光二年(1822)进士,道光十一年(1831)在彭泽知县任上,因事落职。道光十八年(1838)谪戍乌鲁木齐,道光二十五年(1845)东归,以讲学度过余生。著有《壶舟诗存》、《壶舟文存》、《红山碎叶》等。

黄濬作有组诗《塞外二十咏》,分别咏玉门晚照、西台朝旭、柳园初月、猩峡夕风、长流甘水、密陇灌泉、天山快雪、松塘细雨、巴里晴云、戈边野色、木垒烟岚、奇台暖霭、古城丛绿、吉木森阴、滋泉澍流、阜康麦风、古木翳日、博克凌霄、红岫叠霞、乌壤熙春。

黄濬之弟黄治(号今樵)和其兄一样都是戏曲家,兄弟二人感情甚笃,黄治追随兄长出关。黄濬作有《布古里至玛纳斯,是夕可晤今樵》:

第五章 中原无此好春风

> 布古里至塔西河,烟火千家倍觉多。地似南荒饶草木,人尤北俗少弦歌。县官课税征回马,估客囊箱富橐驼。我此衙斋同大被,言归其奈别离何。

作为习惯江南秀色的文人,黄濬对西域较为粗犷的文化具有一定的异质感,他还是与来自内地的朋友饮酒赋诗的时候心情最愉快,如《九月六日徐四景贤招饮过汉城途中作》:"碧水秋澄碧树环,红阑桥子傍红山。过城车马行平远,入画村庄隔市阛。天气似与豪饮便,人生难得俗尘删。来寻把菊执螯醉,拼共归云宿鸟还。"

黄濬还作有《红山灯市秧歌行》,通过对乌鲁木齐民间文化生活场景的描绘,体现了作者对民间艺术的热爱,这也跟他的戏曲家身份有关。

林则徐在西域的朋友还有钱江,其人也是主张抗英的爱国志士。

钱江(1800—1853),字沛然,又字秋屏,后改为东屏,浙江长兴人。钱江捐纳为监生,南游广东,支持林则徐禁烟。林则徐被革职后,钱江倡议抗英,作《全粤义士义民公檄》,被发往西域。在西域与林则徐交往。钱江自西域释还后,投入江北大营帮办军务大臣雷以諴幕中,因性格狂妄被雷所杀。

纵观钱江一生,不愧狂士之名,他的狂中既包含对自身才华的高度期许,也带有"位卑未敢忘忧国"的入世激情,如《丁未秋日伊江杂感》:

> 大荒落日旆悠悠,独坐穹庐动九愁。一曲关山千里月,五更风雨万家秋。穷边羁旅悲苏武,市井功名哭马周。却忆故园金粉地,苍茫荆棘满南州。
>
> 伊江河水绕孤城,直送黄流接帝京。天马奇才呈御厩,胡笳新曲杂边声。九霄露湛团花帐,万骑风高细柳营。寄语守边诸将帅,承平武备要修明。

钱江有着"一肚皮不合时宜",远在伊犁的他仍然深切关注着东南海疆的事态发展,痛心于锦绣河山的惨遭蹂躏,同时,他像林则徐一样居安思危,对西北陆疆的安全放心不下。他的狂也可以看作对"拙者为政"的一种激愤吧。

有意思的是,杀死钱江的雷以諴后来也被流放伊犁。

雷以諴(1806—1884),字春庭,号鹤皋,湖北咸宁人。《清史稿》卷四二二有传。道光三年(1823)进士,累官至左副都御使,后补江苏布政使,与江宁将军托明阿等守江北大营，托明阿与太平军交战失利，遂诿过雷以诚。咸丰七年（1857），雷以诚流放伊犁，翌年释回。著有《雨香书屋诗钞》、《雨香书屋诗续钞》。其西域诗载《雨香书屋诗续钞》卷二。

　　雷以诚毕竟曾是朝廷大员，他的诗作较为正统，如《晶河路》："征途到此转康庄，云是蒙夷畜牧场。几处流泉还曲折，满林秋色间红黄。斧斤不入多林木，耒耜无闻少稻粱。安得神农重教稼，崇墉比栉赋千箱。"在雷以诚离开西域不久，这里就陷入长时间的战乱，直到三十多年后才有遣员的身影再次出现在西域大地，不过到了那个时候，西域已经是一个新的政区新疆省了。

第二节　大将筹边尚未还

嘉庆以降，清朝由鼎盛转入衰落，对边疆的防卫费用削减，边防管理逐渐松懈。而沙俄在中亚扩张的步子越来越大，自嘉庆后期开始，俄军不断越界进入巴尔喀什湖以东以南地区，道光二十八年（1848）俄国进一步提出对伊犁、塔尔巴哈台（今新疆塔城）卡伦之外地区的领土要求。道光二十七年（1847）到咸丰七年（1857），张格尔的后裔又不断潜入南疆发动叛乱，清廷从伊犁、乌鲁木齐派遣援军，奋力击败叛匪，但已暴露出对西域控制能力的严重下降。

咸丰元年（1851），太平天国起义爆发，清廷内顾不暇，沙俄乘机逼清政府签订《中俄伊犁、塔尔巴哈台通商章程》，为下一步侵占这些地方作准备。咸丰六年（1856），第二次鸦片战争爆发，咸丰十年（1860），英法联军攻陷北京，逼迫清政府签订《中英北京条约》和《中法北京条约》，沙俄趁火

第五章　中原无此好春风

打劫，逼迫清政府签订《中俄北京条约》，割占了黑龙江以北和乌苏里江以东 100 万平方公里的土地，条约的第二条还按照俄国的愿望规定了中俄西北边界的走向。紧接着，同治元年（1862），中俄代表就西北边境问题举行谈判。同治三年（1864），在沙俄的武力胁迫下，清政府与其签订《中俄勘分西北界约记》，丧失巴尔喀什湖以东以南领土 44 万平方公里。

　　太平天国运动持续了十余年，给清朝的统治带来沉重打击。同治二年（1863），爆发陕甘回民大起义，更是严重影响了清朝对西域的控制，同治三年（1864），西域各地也爆发了反清起义，建立起一批割据政权。混乱的形势给野心家阿古柏以可乘之机，同治三年（1864），阿古柏挟张格尔之子布素鲁克越境进入喀什噶尔，并以之为据点逐步攻占天山南路诸城。同治六年（1867），阿古柏悍然建立"哲德沙尔汗国"（哲德沙尔意为七城，指的是喀什噶尔、英吉沙尔、和阗、叶尔羌、阿克苏、乌什、库车），同治九年（1870），他又率兵夺取吐鲁番、乌鲁木齐等地。同治十年（1871），贪得无厌的沙俄出兵占领伊犁，开始了为期十年的殖民统治。这样一来，整个西域只有最东端的哈密、巴里坤仍处于清朝的控制之下。一批西域守臣为了祖国领土完整，进行了多方面的努力，其中包括景廉和锡纶。

景廉（1824—1885），字俭卿，又字季泉，号秋坪，满族正黄旗颜札氏，晚清重臣。咸丰二年（1852）进士，历任翰林侍讲学士、镶红旗满洲副都统、刑部右侍郎、吏部左侍郎。咸丰八年（1858），授伊犁参赞大臣，在任严肃吏治，禁止官吏勒索摊派。同治元年（1862），调任叶尔羌参赞大臣。同治四年（1865），督兵镇压甘肃新疆回民起义。同治五年（1866），任哈密帮办大臣。同治十年（1871），沙俄强占伊犁，景廉奉令收复，未果。同治十三年（1874），任钦差大臣，督办新疆军务。翌年回京供职。后曾入值军机大臣兼总理各国事务衙门大臣，历任工部尚书、户部尚书、兵部尚书等。

景廉曾于咸丰十一年（1861）秋奉命赴阿克苏谳狱，途中翻越天山冰岭十余日始达，著有《冰岭纪行》，附有《度岭吟》。景廉在路上的所思所感都记录在诗歌里，如《博尔道中》："秋色澄鲜正午晴，无边林壑画难成。缓行不为山程险，领略松声与水声。"

在西域任职的官员，远离权力中枢，升迁的机会没有那么多，但是对于其中文人气息比较重的人来说，西域的奇山异水在精神上给予他们极大的补偿。景廉在冰岭之行中以诗和酒来安慰自己，如《旅夜》："车帐近危岑，遥空暮霭沉。

天山冰川

星光临水大,人语入烟深。抚剑增诗胆,鸣笳动客心。呼僮频进酒,好为涤烦襟。"

"星光临水大,人语入烟深"将山之深与水之清传神地描绘出来了,在如此清绝的环境中,景廉仍然深有隐忧,可知他的"烦襟"绝不是出于个人名利,而是对国家前途的忧虑。

咸丰十一年(1861)七月,因英法联军攻入北京而在热河逃难的咸丰帝病死了。此时太平天国在重用陈玉成、李秀成等青年将领后势头复振,而清廷朝臣、帝胤、两宫太后(即慈安、慈禧)对国家大权的明争暗斗却日趋激烈,英法俄列强虎视眈眈。中原烽火看不出短期平息的希望,边疆领土却在东北、西北两个方向被鲸吞蚕食,这样的时局怎能不让景廉百感交集。作为一名有责任感的大臣,景廉只能不避艰险做好分内的工作。景廉的冰岭之行非常艰辛,他在《冰达坂行》中写道:"我马既瘏我仆痡,岭南岭北同崎岖。跋涉未已夜将半,梦魂惴惴如惊乌。吁嗟乎行路之难至此极,手捧简书不敢息。试问前贤几辈度节麾,叱驭高风千载犹相忆(阿文成公、松文清公、玉砚农将军皆往还此岭)。"阿文成公即阿桂、松文清公即松筠、玉砚农将军即玉麟,这些前辈皆曾为西域边疆的繁荣稳定做出贡献,也都翻越过天山冰岭。清朝从康熙年间开始经营西域,经过几代人的努力才有了稳定的局面,一旦落入阿古柏这些野心家的手中真是让人扼腕痛惜!

锡纶(1843—1888),字子猷,满族正蓝旗博尔济特氏。同治七年(1868),为布伦托海帮办大臣。历任哈密帮办大臣、乌鲁木齐领队大臣、古城领队大臣、塔尔巴哈台参赞大臣。光绪十一年(1885),署伊犁将军。在任筹设边防屯垦,安置难民。诗载其兄锡缜《退复轩诗文集》中。

锡纶之父保恒曾任乌鲁木齐都统、哈密办事大臣,锡纶也在西域为官多年。其父是太平边臣,而到了锡纶赴任的时代,清朝几乎完全丧失对西域的控制,锡纶所任职之处都是

冰湖

西域的北部和东部边缘地带。他的职责也不是治理百姓，而是领兵作战，他的组诗《北征》反映的就是他在西域多年征战的经历，其中第五首云："杀气薄玄冥，凝结成雪花。天地失玄黄，皓皓无垠涯。夜酌葡萄酒，醉起闻清笳。金山不可度，西望长咨嗟。"

多年的战争使诗人身心俱疲，他在《无题》中写道："客鬓欲随芳草白，菊花不共塞云黄。十年九日萦秋思，一片孤城冷夕阳。身似脊令飞寥廓，目穷鸿雁影微茫。诗情无托从何寄，只有刀头万里霜。"好在锡纶的努力没有白费，后来他襄助左宗棠收复新疆，自己也出任伊犁将军，为战后建设做出贡献。

西出阳关

同治六年（1867），"哲德沙尔汗国"建立时，清朝忙于镇压陕甘回民起义，无暇西顾。俄国也趁机于同治十年（1871）武装侵占伊犁，进而觊觎整个新疆。同治十三年（1874），刚刚走上资本主义发展道路的日本跃跃欲试，暴露出侵吞我国宝岛台湾的野心。清朝在西北陆疆和东南海疆腹背受敌的情况下，朝中掀起了关于"塞防"与"海防"的争论。针对李鸿章等所谓"力难兼顾"而应放弃塞防的论调，左宗棠力主收复新疆，他说："六十许人，岂尚有贪功之念？所以一力承担者，此心想能鉴之。"光绪元年（1875），清朝命陕甘总督左宗棠以钦差大臣身份督办新疆军务。光绪二年（1876）春，左宗棠坐镇肃州（今甘肃酒泉）行营，指挥部将刘锦棠等率军讨伐阿古柏，次年年底，收复除伊犁之外的新疆全境。光绪四年（1878）年底，清朝开始与沙俄交涉收复伊犁事宜。为配合谈判，光绪六年（1880）四月，左宗棠携棺木出关，以示誓死收复伊犁的决心，他将行营移到哈密，做好了三路大军齐攻伊犁的军事部署，以支持清朝谈判代表曾纪泽（曾国藩之子），使新疆全境顺利回到祖国的怀抱。他还上书建议在新疆设省，为保卫祖国的西北边疆做出了巨大贡献。

早在道光二十九年（1849），林则徐告老还乡，路过长沙

第五章 中原无此好春风

船泊湘江，他派人请来左宗棠，两人在舟中彻夜长谈，对于治理国家的根本大计，特别是西北军政的见解不谋而合。林则徐对左宗棠说："终为中国患者，其俄罗斯乎！吾老矣，君等当见之。"认定将来"西定新疆"，舍左宗棠莫属，特地将自己在新疆整理的宝贵资料全部交给左宗棠。

左宗棠（1812—1885），字季高，一字朴存，号湘上农人。少年屡试不第，转而留意农事，遍读群书，钻研舆地、兵法。太平天国运动失败，左宗棠调往西北，先平定陕甘回民起义，后督军平定阿古柏之乱。光绪六年（1880）春，左宗棠自肃州出镇哈密，做好了武力收复伊犁的部署。早在左宗棠还是二十出头的时候，就写下《癸巳燕台杂感八首》，纵论天下大势，其中第三首谈的就是西域边防："西域环兵不计年，当时立国重开边。橐驼万里输官稻，沙碛千秋此石田。置省尚烦他日策，兴屯宁费度支钱。将军莫更纾愁眼，生计中原亦可怜。"

转眼三十年过去，清朝政府好不容易在曾国藩、李鸿章、左宗棠等人的努力下，平定太平天国起义，陕甘回民起义的势头又越演越烈。同治五年（1866），左宗棠被调到陕甘前线，经过多年苦战，至同治十二年（1873），彻底平定陕甘局势。然后，他又力排众议，请求朝廷出兵收复新疆。

说起左宗棠的收复新疆，有一首七绝不能不提。这首小诗写道："大将筹边尚未还，湖湘子弟满天山。新栽杨柳三千里，引得春风度玉关。"秦陇道上，柳荫载路，直抵新疆，皆为左宗棠进军新疆时所植，人称"左公柳"，吴霭辰《历代西域诗钞》将此诗系于杨昌濬名下，题为《恭颂左公西行甘棠》，并注明出自裴景福的《河海昆仑录》。然而，据业师杨镰先生在《诗词里的新疆》中考证，《河海昆仑录》中并不见此诗。清人王逸塘《今传是楼诗话》也认为是杨昌濬所作。但《清朝野史大观》卷十却说，左宗棠经略西域，出嘉峪关时，沿途插柳，本意不过是标明往返路途，而积久成荫，风景为之一变。有位游学的湖南士子谒左宗棠于塞上，献上该诗，左宗棠击节赞赏。杨昌濬（1826—1897），字石泉，号镜涵，别号壶天老人。杨昌濬湘军出身，以平定太平天国起家，左宗棠西征，他留守陕甘，受命佐理新疆军务，也就是为左宗棠收复新疆提供后勤保障。他后来做到陕甘总督、闽浙总督，并以错判杨乃武与小白菜案件而闻名。杨昌濬虽薄有诗名，但如此言简意赅、寓意深刻的诗恐怕非他所能写出。

左宗棠收复西域，依靠的将领主要有刘锦棠、金顺、金运昌、张曜等人，其中张曜在西域留下诗作。

张曜（1832—1891），字亮臣，号朗斋，祖籍上虞（今属浙江），占籍大兴（今属北京）。行伍出身，官至河南布政使，被御史刘毓楠以"目不识丁"弹劾，乃发愤读书，并镌刻"目不识丁"四字印，随身携带以自警。其妻李氏闺名雪如，为著名才女，张曜拜师于妻。张曜随左宗棠入新疆平阿古柏之乱，直至1884年新疆正式建省方才离开，后为山东巡抚。

他作有《伊吾庐军次》："酒阑乘兴独登台，万幕无声画角哀。塞上羁留频岁月，不堪犹见雁归来。烽火边城羽檄催，旌旗十万下龙堆。年来无复封侯志，一夜湖山梦几回。"这首诗的内容比较简单，无非是久戍思归之意。但张曜由一介武夫，发奋读书，达到能够写诗的水平，这种好学精神值得赞赏。

张曜不仅折节读书，而且非常爱惜才士。像施补华这样先后不为左宗棠、祁寯藻、曾国藩所容的狂士，张曜独具慧眼加以重用。

施补华（1835—1890），字均甫，浙江乌程（今湖州）人。同治九年（1870）举人。初入左宗棠幕，因性格沉默，被人疑为傲慢，加以诋毁。后来有人将他推荐给祁寯藻，也不受重视。又被推荐给曾国藩，曾国藩文宗桐城派，施补华独轻之，因此被目为狂士。后出嘉峪关，循天山南下，至阿克苏，入张曜幕，深受信任，光绪三年（1877），随军驱逐阿古柏。后张曜任山东巡抚，他协助其治理黄河。施补华病死，张曜深为痛惜，蠲万金归其丧，并为他刊行遗集。

施补华文辞简洁，而气象雄阔，著有《泽雅堂文集》八卷以及诗学专著《岘佣说诗》。施补华论诗，主张诗贵真情。他自己所作诗歌，也饱含感情，确实不负狂名。如《伊拉里克河水利林文忠公遣戍时所开，所谓四十八坎儿也，贤者所至有益于民如此》："海族群吹浪，疆臣远负戈。田功相与劝，水利至今多。垂柳家家树，回流处处科。白头遗老在，怀德涕滂沱。"这首小诗通过坎儿井这样一个侧面反映林则徐在西域的遗爱，从中也不难看出诗人对边疆建设的看法，只要让各族人民得到真正的福利，分裂主义势力是不会有市场的。

像施补华一样，希望通过西行从军而建功立业的还有萧雄。萧雄（？—1893），字皋谟，号听园山人。约在道光初年出生于湖南益阳一个诗书世家。同治末年，屡试不第的萧雄投笔从戎，先后入金顺、张曜幕府，在边陲十余年。晚年旅居长沙，专心从事《西疆杂述诗》的创作。和纪昀的《乌鲁木齐杂诗》一样，萧雄的《西疆杂述诗》中看不到诗人自己的身影，但是在看似"客观"的描述之中处处流淌着诗人对于西域这块土地的热爱之情。

第五章　中原无此好春风

　　除了萧雄，金顺幕府中还有不少文人，像周先檀和方希孟都曾在西域写下大量诗作。周先檀（1827—1904），字莪珊，湖南衡阳人。屡试不第，同治十三年（1874），入金顺幕中，随之出关平叛。著有《味道轩集》十二卷，其中有《西征草》三卷。周先檀在平叛的部队中，以痛惜的心情审视着饱经战乱的土地，如《古城》："远望旗旌簇，元戎小队迎。风光三月暮，烟火独山城。野旷疏留树，农闲半作兵。渠犁肥沃地，乱后不胜情。"

　　再如《奇台县》："空城黯黯悄无人，一片荒墟劫后因。巢燕凄凉难觅主，野花撩乱不成春。髑髅碧化三年血，烽火

荒漠溪流

红堆万斛尘。萧瑟田野皆旷隙,塞垣何日始怀新。"现代诗人艾青曾说:"为何我的眼中总是常含泪水,因为我对这片土地爱得深沉。"自乾隆朝平定西域,这块热土经过百年发展,已经成为一片足以使迁客骚人乐不思蜀的世外桃源,但是境内外分裂势力的交相侵袭,在19世纪后半叶给西域人民带来了深重的灾难,也使中华民族丧失了50万平方公里的领土,这是西域历史上不堪回首的一页,也是必须正视的一页。

方希孟(1839—1913),字筱泉,号峰民,晚号天山逸民,安徽寿县人。光绪二年(1876),随新疆军务帮办金顺进疆平阿古柏之乱,五年中常常活动于乌鲁木齐至哈密一带。光绪三十二年(1906),作为伊犁将军长庚幕宾二次出关,以七十高龄考察新疆铁路建设计划,历时五个月,行程八千里。著有《息园诗存》、《西征录》、《西征续录》等。

湘军名将刘锦棠在平定陕甘回民起义和收复新疆的战事中立下首功,他的幕府中也是人才济济,严金清即是其中较为重要的幕僚。

严金清(1837—1909),字紫卿,号闲闲堂老人。江苏金匮(今无锡)人。左宗棠任浙闽总督时,入其幕府。光绪二年(1876),左宗棠经略西北,严金清受命办理湘军营务,从刘锦棠平定天山南北。光绪五年(1879)请假回籍。光绪七年（1881）再入西域，协助刘锦棠办理营务，此后在乌鲁木齐办理税厘事务多年。光绪十五年（1889）卸任回籍。甲午战争爆发后，严金清曾率刘锦棠旧部参与抗日，立下战功。有《严廉访遗稿》十卷，其中卷八、卷九为诗集。

严金清在西域的大部分时间是在后方，他的诗中很少出现战斗场面，但是战事紧急，军队后勤相应的也非常繁忙。严金清诗集中较多的是表达勤于王事以及我军必胜的感情的作品，如《经一碗泉》。

清代越到后期，西出阳关的诗人越不寂寞，因为到西域来的诗人越来越多，很多诗人之间存在相互唱和的关系。和严金清唱和较多的是易寿崧。

易寿崧（生卒年不详），字炼堂，湖北兴国人。光绪初年附贡，考取国史馆誊录。光绪七年（1881），投效乌鲁木齐都统长顺幕府，办理文案，曾参与勘分中俄边界。保直隶州知州，历任镇西厅同知，疏勒直隶州知州，在任候补知府。著有《天山唱和集》。易寿崧与严金清相善，多所唱和，如《过一碗泉》："曾随使节在辽西，远溯河源万象低。五载风尘劳鞅掌，半生事业付轮蹄。山围白雪寒犹劲，路绕黄沙梦欲迷。自悔平生游迹倦，乡思每逐雁南飞。"易寿崧科举不顺，在仕宦上只能剑走偏锋，依人作幕。他长期在边疆效力，为战乱的善后做出了贡献。这里的山山水水他都留下足迹,也留下许多诗篇。如《阿哈巴至托克尔》:"累月遄征怯路长,边云四塞昼昏黄。千条旧辙迷官道,万里平原剩战场。晓路低垂沙枣白,好风吹送豆花香。驱车近店身慵起,卧看邻鸡卧短墙。"

第三节　去国唯期社稷安

光绪八年（1882），沙俄正式交还伊犁。新疆建省问题提上日程。光绪十年（1884），新疆正式设置一省，刘锦棠成为新疆首任巡抚。新疆的历史翻开了新的一页。多年战乱终于结束，西出阳关的道路又告通畅，新疆迎来了新一批的迁客骚人。新疆刚刚立省，就有一位年方弱冠的青年策马前来游历。他的名字叫作谭嗣同。

谭嗣同（1865—1898），字复生，号壮飞，湖南浏阳人，是中国近代著名的维新志士。光绪十年（1884），谭嗣同之父谭继洵任甘肃布政使，谭嗣同在其官署读书。他离家出走，漫游各地，以考察风土，结交奇士，后来到新疆，并曾在刘锦棠幕府任职过一段时间。谭嗣同作有《西域引》，描写的当是刘锦棠进军新疆的情形："将军夜战战北庭，横绝大漠回奔星。雪花如掌吹血腥，边风冽冽沉悲角。冻鼓咽断貔貅跃，堕指裂肤金甲薄。云阴月黑单于逃,惊沙镝击苍龙刀。野眠未一辞征袍,欲晓不晓鬼车叫。风中僵立挥大纛,又促衔枚赴征调。"

与谭嗣同来疆游历不同,参与戊戌变法的张荫桓是被流放新疆。张荫桓(1837—1900),字樵野,广东南海县佛山镇(今佛山市)人。参加县试不中,转而研究洋务。纳赀为知县,逐渐升迁至安徽按察使。光绪十年(1884),入总理各国事务衙门行走。次年被任命为特派驻美国、秘鲁、西班牙三国大使,回国后进呈反映出使记录的《三洲日记》,被任命为总理衙门大臣,又任户部侍郎,赏加尚书衔。张荫桓与光绪帝之师、军机大臣翁同龢关系密切,是他将康有为介绍给翁同龢,荐举给光绪帝的。在戊戌变法中,张积极支持光绪帝,因此被发配新疆。张荫桓曾驻华盛顿三年,对资本主义国家的繁华体会很深,所以对于变法图强的渴望也非常强烈。作为朝廷大员,他深知慈禧太后的淫威,却甘冒政治生命结束的危险,支持变法大计,成为维新阵营中的枢纽角色。张荫桓的悲哀,就像鲁迅先生在《呐喊·自序》中描述的那种要唤醒在铁屋子里沉睡的人们的人一样,他超越于时代太多,因此被守旧派视为眼中钉,甚至有民间谣言说他目不识丁。其实,张荫桓诗文兼擅,而且精通外语。在西出阳关的路上,张荫桓将心事记录在诗作中,如《甘肃新疆交界处名咬牙沟,藩侄有诗,和作一首》就是对自己流放新疆一事的反思:"余论安能遂奖成,早知刚折误余生。世途龃龉何关命,驿路硗砑总不平。春色可歌莺有舌,地形相错犬无声。菜根风味应相忆,此是新疆第一程。"

张荫桓被流放新疆时已经年过六十,他的家人得到消息不远万里赶来侍奉,《正月晦日常弟垲儿赶至哈密随戍》反映的就是亲人相见的情景:"岂悟重相见,崎岖劫外身。天山初霁雪,戈壁尚逢春。逐客行吟涩,名王礼意真。勿言国家事,暂免泪沾巾。""勿言国家事"这句诗很容易使人想起老舍先生《茶馆》中柱子上贴的"莫谈国事",但那是因为惧祸而不敢谈,张荫桓的"勿言国家事",则是因为国事不堪谈而不愿谈。在茫茫戈壁,亲人重相见,本就不须多话,因为一切尽在不言中。

张荫桓远在西域,前途难卜,但他最担心的仍是国家的未来,如《清明携子侄乡人出郭展扫两广义冢,便道三官阁小憩,怅念故山泫然有作》:"乌城郭北旅坟攒,异域凄凉麦饭欢。黑水支流成涧道,阴山斜日到神坛。忧时倍触泷阡泪,去国唯期社稷安。眼底乡关无限意,路人虚作踏青看。"在茫茫西域,有多少来自中原各地的异乡人曾在这里生活,又有

阿拉山口

多少异乡人在这里默默无闻地死去，两广义冢，就是这段历史的无声见证。张荫桓祭奠无主荒坟，既是悼念那些无名的两广乡亲，也是寄托对故乡的思念之情。可惜他再也回不去了，三个月后，他也死在西域，成为遣员诗人中唯一一位在西域被朝廷处死的，他也是因为戊戌变法而死的最高级别官员。

在张荫桓流放新疆之后，又有一位帝党成员远谪新疆，他就是自号"穷塞主"的皇亲国戚志锐。

志锐（1853—1912），字伯愚，又字公颖、廓轩，自号薑畲，又号穷塞主，晚号迂安。满族镶红旗他他拉氏。《清史稿》卷四七〇有传。志锐乃陕甘总督裕泰之孙，四川绥定府知府长敬之子。光绪六年（1880）进士，累官至礼部右侍郎。光绪帝的瑾妃、珍妃乃志锐之堂妹，在帝后党争中志锐自然站在光绪帝一边。甲午战争中主战，被慈禧太后降为乌里雅苏台参赞大臣。光绪二十五年（1900），改任伊犁索伦营领队大臣，在任六年。

通过《中俄西北勘分界约记》（签订于 1864 年）和《中俄伊犁条约》（签订于 1881 年）的五个勘界议定书，沙俄共从我国攫取巴尔喀什湖以东以南领土 51 万平方公里。由于公务交涉，志锐有机会踏上这块已经落入敌手的土地，一路上他感慨万千，如《赴俄经博罗胡吉尔辉发两卡，索伦旧地也，蓝旗营城尚在索伦，未移坟墓尚累累，有感》："岂事游观乐，兹行视旧边。孤城沦异域，遗冢没荒田。何用投鞭渡，谁容藉榻眠。河西三百里，不忍说当年。"

清朝对于哈萨克三帐的统治十分宽松，而沙俄的殖民者对于伊犁河下游的游牧民族则比较残暴，因此沦丧区的人民非常怀念之前在大清治下的时代，如《在巴士奇台见中哈某探询旧人至于落泪》："谁说夷蛮种，人情蠢不如。解行官礼数，因见汉威仪。垂泪怀前辈，伤心话旧时。探囊聊有赠，无语到临歧。"

结束公务踏上返回境内的路，志锐的心情也无法轻松，他在《过辉发卡外，一片戈壁，山童不毛，俄之垂涎伊犁有由然矣》中写道："旧卡东来地，平芜满目蒿。无人工制锦，他族任操刀。土薄泉无脉，山童地不毛。羡鱼原有意，终赖荩臣劳。" 19 世纪下半叶，是一个强权政治的时代，西方列强在华划分势力范围,强占各种利益,使我国逐步沦为半殖民地半封建社会。其中沙俄的凶残尤为突出,它在华国东北和西北边疆共割占150万平方公里以上的土地,让人至今想起仍然扼腕痛惜。

新疆建省之后,乌鲁木齐成为省会,又有大量的遣员流放到这里,很多遣员在新疆的建设中发挥所长,扮演了重要角色,如朱锟、裴景福等。

朱锟(生卒年不详),字念陶,又字砚涛、研涛,安徽泾县人。长期在江浙随侍做官的父亲,于光绪十七年(1891)因故流放新疆,在新疆总管电报局,光绪二十一年(1895)释还。有《西行纪游草》一卷。

裴景福(1854—1924),字伯谦,又字安浦,号臆闇,安徽霍邱人。光绪十二年(1886)中进士。历任广东陆丰、番禺、潮阳、南海县令,喜爱收集字画、古董。遭时任两广总督岑春煊弹劾,被迫暂避澳门。岑将他革职,上奏朝廷谓其"两广县令,裴为贪首,凭籍外力,藐视国法",但查无实据,不能重判,遂远戍新疆。光绪三十一年(1905)流放到新疆后,代理电报局局长。宣统元年(1909)释还。民国初年,任安徽省政务长。晚年辞职回乡安居,以收藏书画、古董自娱。著有《河海昆仑录》六卷,记录的就是西行路上的所见所闻。

第五章 中原无此好春风

裴景福的《河海昆仑录》中记载了自己的一个能诗的仆人李芬。李芬（？—1909），四川人，流落秦陇间，以仆从身份随裴景福出关，病死乌鲁木齐。李芬的《春日思家》是在奇台的题壁之作，其中一首为："忆别乡关塞外游，茫茫瀚海度春秋。一轮明月天山顶，分照峨眉最上头。"据裴景福介绍，李芬出身读书人家。他流落边关，对月思乡，感情非常真挚。裴景福和李芬是西出阳关的诗人群体中唯一的一对主仆，值得引起重视。

维新志士宋伯鲁和裴景福在同一年来到新疆，他的人生经历颇为曲折。

宋伯鲁（1854—1932），字子钝，陕西礼泉人。清光绪十二年（1886）中进士，后任翰林院编修，都察院山东道监察御史、掌印御史等。宋伯鲁关心国家发展。他积极支持康有为、梁启超领导的变法主张，是维新运动的骨干之一。戊戌政变后，宋伯鲁被清廷下令革职拿问。他先避于意大利使馆，后匿居上海三年余，其间一度赴日本。光绪二十八年（1902）六月，因生计困难，回到陕西。陕西按察使樊增祥挟私仇指控宋"受业康门，甘为鹰犬，其罪在康有为之下、杨深秀之上"，宋伯鲁遂被囚禁，三年后才获释出狱。伊犁将军长庚慕其名，请赴新疆参与治理机宜。宣统元年（1909），长庚调任陕甘总督，宋又随之东返。嗣后，见长庚因循守旧，难以施展抱负，于辛亥年夏返回故乡。辛亥革命之后，对陕西地方事业尽力颇多。曾任陕西省通志局（馆）总纂、馆长，主持续修陕西通志。著有《海棠仙馆诗集》十五卷。

宋伯鲁是爱国志士，曾经处于国家政治变革的风口浪尖，他的情怀不同于一般幕客。还没到肃州（今甘肃酒泉），他就想到自己将要踏上的这条阳关古道，曾有中兴名将左宗棠舆榇出师收复新疆，挥毫写下《将至肃州追怀左文襄师》："左侯崛起中兴日，誓扫天骄扩帝仁。万里车书通绝域，三湘子弟尽功臣。凤林鱼海春风起，玉塞金城柳色新。今日西陲需保障，九原谁为起斯人。"

宋伯鲁和新疆布政使王树楠是好朋友，王树楠极力恳请聘宋伯鲁出关的长庚（时任伊犁将军）将宋伯鲁留在乌鲁木齐，主持新疆通志局，为新疆修志。宋伯鲁报答知己，写成《新疆建制志》、《新疆山脉志》各四卷。宋伯鲁在乌鲁木齐修志期间与王树楠、裴景福、方希孟等人经常唱和。

新疆布政使王树楠是晚清著名边吏，也是乌鲁木齐诗坛的盟主。王树楠（1852—1936），字晋卿，祖籍承德，自幼迁居保定，光绪十二年（1886）登进士第，保荐经济特科。历任户部主事，外放四川青神知县，累迁至甘肃兰州道，光绪三十二年（1906）补授新疆布政使。在任期间，他裁南疆浮征粮草，重订税收，首创官钱局，发行纸币。并于宣统元年（1909）创办了新疆的大清邮政。中华民国成立后，他曾任清史馆总纂，撰《清史稿》之咸丰、同治朝大臣传。后来还任国史馆总纂。

王树楠所为文有盛名，与陈三立并称"南陈北王"。著有《新疆礼俗志》、《新疆物候志》、《新疆国界图志》、《新疆山脉图志》、《新疆兵事志》、《新疆道路图志》、《新疆土壤表》、《新疆金石志》、《新疆职官志》、《新疆沿革图志》等。

王树楠天资聪颖，少年时代即受到曾国藩的指导，李鸿章曾激赏其文采为"苏长公后第一人"。然而王树楠的科举之路并不顺畅，三十五岁才考中进士，踏上仕途。到新疆任职时，王树楠已过知命之年，但仍然豪气不除。

王树楠到了乌鲁木齐之后，惠政甚多，在近代新疆开发史上他是贡献最大者之一。王树楠还是乌鲁木齐诗坛的主盟者，经常发起或参与诗酒之会。前面提到的方希孟、裴景福、宋伯鲁等诗人都是他的好友。如裴景福释还时，这些诗人就有"倚斗亭之会"。

送走裴景福不久，宋伯鲁也要离开新疆，乌鲁木齐诗坛又有"水磨沟之会"，参加者有载澜、王树楠、宋伯鲁和方希孟。

需要特别指出的是，王树楠在新疆还接待过一些国际"友人"，而且都是日本人，他们分别是波多野养作、林出慕胜、日野强。王树楠对他们都有诗相赠。此外，他还有《和南州二首》、《赠南州》等诗作，从诗意来看他非常欣赏这些日本的"壮游"者。20世纪之初，日本帝国主义组织了一批又一批考察队来到新疆，这些日本人以探险或者考古为名，劫掠文物，窃取情报，给中华民族造成了巨大的损失。王树楠却对这些人的才华青眼有加，可谓"明足以察秋毫，而不见泰山"，实在让人惋惜。究其原因，一方面是这些日本人将真实目的隐藏得很深，而王树楠为人宽厚，"君子可欺以其方"；另一方面可能是日本在"日俄战争"中打败了俄国，而在西北边疆，俄国才是最凶险的敌人，所以敌人的敌人在王树楠眼中就成了朋友。

纵观王树楠在新疆期间的所作所为，他为边疆建设做出了巨大的贡献，为新疆日后的发展打下了坚实的基础，但其与日本人的交往自是瑕不掩瑜。

王树楠离开新疆后，清朝很快宣告结束，历史进入中华民国时期，新疆这个大舞台的主角变成了杨增新。

杨增新（1864—1928），字鼎臣，云南蒙自人。光绪十五年（1889）进士。历任甘肃天水县知事，河州知州，陆军学

天山山麓

堂总办，政绩突出。光绪三十四年（1908）入疆，先后在阿克苏、乌鲁木齐、巴里坤等地任道台。1912年被北京国民政府任命为新疆督军、省长。1928年6月，被南京国民政府任命为新疆省主席兼总司令，同年7月遇刺身亡。杨增新多次击退外蒙古军队，保全了阿尔泰（今阿勒泰地区），新疆在他主政时期稳步发展。

杨增新一生著述甚多，有《补过斋文牍》、《补过斋日记》、《读易笔记》、《读老子笔记》、《阴符经补注》等。

"丝绸之路"概念的提出者李希霍芬的学生斯文·赫定，是瑞典籍的世界著名探险家，他曾多次在新疆考古探险，在他眼中杨增新"差不多是过去时代的最后一个代表者，具有高度的中国伟大的旧道德、傲气、爱国心，他唯一的梦想是中国的统一"。杨增新的爱国主义精神流露在他的诗作《题镇边楼》中：

　　山关何必望封侯，白发筹边几度秋。四海无家归未得，看山一醉镇边楼。

　　居夷已惯不知愁，北维南回一望收。却怪当年班定远，生还只为一身谋。

　　丈夫耻为一身谋，饥溺难忘禹稷忧。力障狂澜三万里,莫教海水向西流。

  虎斗龙争未肯休,风涛万里一孤舟。但期四海澄清日,我亦躬耕学买牛。

  书云:"诗言志,歌永言。"杨增新作为传统士大夫,在历史巨变中力挽狂澜,维护新疆的稳定和完整,值得后世景仰。

  1914年,时任新疆督军的杨增新奏请:"新疆一省远处极边,形势重要,分发人员,惮于艰阻,率多趋避,以致边疆要地,任用无才……自非遴选熟悉边情、负有远志之士,分发该省,整理一切,不足以开通风气,交换知识……"北京国民政府内务部特意举行考试,选拔人才专备分发新疆任用,邓缵先名列前茅。

  邓缵先(1870—1933),字芑洲,自号毳庐居士,广东紫金人。1914年受中央政府派遣,到新疆任职。在新疆的十八年中,他曾任省公署文牍员、编辑员,政务厅总务科员、科长,新疆选区选举调查会会长等职,并先后出任乌苏、叶城、疏附、墨玉、巴楚五个边境县知事,政绩甚丰。邓缵先文学造诣颇深,著有《叶城县志》、《乌苏县志》、《叶迪纪程》、《毳庐诗草》、《毳庐续吟》等。邓缵先怀抱"男儿负壮志,立功西北陲"的理想西出阳关,在西行的路

西出阳关

路边红柳

上,这位岭南才子被沿途的风景所感染,诗中充满苍莽之气,如《宿库木什驿》:"身如投宿鸟,叫侣入芦花。故国几千里,荒村三两家。寒霜迷白荻,风急掠黄沙。骨相何渠瘦,吟诗感物华。"

路边的草木也会牵动他的羁旅之愁,如《红柳》:"长榆浅草遍天涯,废垒荒营一径斜。紫塞萧萧秋去马,丹枫点点暮归鸦。玉颜愁黛飘香粉,羌笛悲声怨晚霞。瀚海阑干多少恨,襟痕烛影隔窗纱。"

1933年,新疆发生波及南北疆的大动乱,邓缵先在巴楚县长任上以身殉职,他的去世,也为西域诗歌的格律诗时代画上了一个句号。